KUCHEN & SÜSSES

Andrea
Schirmaier-Huber

KUCHEN & SÜSSES

Klassisch gebacken – Kreativ interpretiert

Von der
Konditoren-weltmeisterin
–
Mit einem Vorwort
von
Johann Lafer

südwest

INHALT

Klassisch

Kreativ

VORWORT VON JOHANN LAFER

Es ist schön, dass Andrea Schirmaier-Huber ein Buch zum Thema Backen herausbringt – für alle, die Selbstgebackenes lieben. In der Jury der Fernsehsendung »Deutschlands bester Bäcker« habe ich sie auf unserer Reise quer durch Deutschland nicht nur als sympathische, sondern auch als fachkundige und kompetente Partnerin im Jurorenteam kennen- und schätzen gelernt.

Sie verfügt über eine einzigartige Ausbildung und ist praktisch mit den Klassikern der deutschen Backkunst aufgewachsen.

Nun zeigt sie Ihnen, wie man den perfekten Klassiker zu Hause zubereiten kann, und was Sie mit Hilfe von Andreas großartiger Kreativität Neues daraus zaubern können. Ich bin sicher, dass Sie, wenn Sie dieses Buch zur Hand nehmen, viel Neues und Spannendes zum Nachbacken finden, womit Sie Ihrer Familie, Ihren Freunden und sich selbst Freude machen können.

Es ist mir eine besondere Ehre und Freude zugleich, Ihnen dieses herrliche Buch »schmackhaft« zu machen.

Ihr

Johann Lafer

EINLEITUNG

ALLES ANDERE ALS ALTBACKEN

Ein neues Backbuch – was kann man denn da noch wirklich Neues machen? Das haben wir uns natürlich auch gefragt und ich denke, wir haben mit diesem Buch eine wunderschöne Lösung gefunden: Tradition neu und frech interpretiert. Das passt auch genau zu mir. Denn ich bin ein Mensch, der sehr tief in Traditionen und in meiner Heimat verwurzelt ist, dabei aber immer unbedingt seinen eigenen Weg gehen möchte – und manchmal eine freche Klappe hat.

Bevor ich ein wenig von meinem Weg in der süßen Welt erzähle, möchte ich aber noch einmal auf das Buch zurückkommen. Heute geht es bei vielen Rezepten nur noch darum modern und trendy zu sein. Das finde ich ein bisschen schade. Denn in der Tradition liegen unsere Wurzeln. Modern ist für mich, diese Wurzeln zu kennen und zu lieben und dann etwas Neues daraus zu machen. Also wird hier im Buch aus der »Schwarzwälder Kirschtorte« »Chocolat en Bloc«, aus dem »Frankfurter Kranz« »Gefüllte Cupcakes mit Haselnusskrokant« oder sogar aus einer klassischen »Tarte au citron« ein frischer »Limoncello«. Das hat allen an der Produktion Beteiligten sehr viel Spaß gemacht. Wir haben uns natürlich zuerst einmal entschieden, welche Klassiker wir nehmen möchten, und uns dann zusammen gesetzt und philosophiert. So sind all die tollen und vielleicht auch mal »gspinnerten« Ideen entstanden.

Es soll Spaß machen – wir sind hier nicht im Fernsehen

Für mich war aber auch wichtig, dass die Rezepte für jeden machbar sind. Es sollte kein Buch werden, bei dem man denkt: »Oh Gott – eine Konditorenweltmeisterin! Da ist ja alles viel zu schwer!« Ich denke, jeder, der die Rezepte jetzt anschaut, merkt gleich: »Das kann ich auch!« Deswegen haben wir beispielsweise die Kuchen nicht absolut perfekt gestylt. Als Jurorin hätte ich beim einen oder anderen sicher mal streng die Stirn gerunzelt. Aber hier geht es ja nicht um einen Wettkampf, sondern um Spaß! Und dann ist halt die Sahnerosette nicht ganz perfekt – aber Du hast sie selbst gemacht!

Damit ich auch beim Schreiben der Rezepte in derselben Situation bin wie Ihr, liebe Leser und Nachbacker, musste ich bei einigen Klassikern noch einmal ganz neu rezeptieren. In den Profi-Backöfen haben wir beispielsweise gar keine Umluft, sondern nur Ober- und Unterhitze. So entsteht aber ein ganz anderes Backen. Das geht mir übrigens auch so, wenn ich irgendwo für eine Veranstaltung backen muss und

dort ein Ofen steht, den ich noch nicht kenne. Jeder Ofen backt anders. Deswegen sage ich auch allen Hobbybäckern: Wenn in einem Rezept steht »Backzeit 50 Minuten«, dann muss das für Euren Backofen nicht stimmen. Ihr müsst Euch auf Euren eigenen Ofen einschießen. Wenn Ihr dann feststellt, dass er ein bisschen langsamer ist, dann gebt im Rezept immer ein bisschen Zeit zu. Und wenn Ihr einen Ofen habt, bei dem richtig Power dahinter steckt, dann müsst Ihr die Zeit eben reduzieren. Und der Test ist doch so einfach: Schaschlikspießchen oder Stricknadel bis zur Mitte rein in den Kuchen und schauen ob beim Rausziehen noch was an der Nadel klebt. Das Selbstausprobieren gilt übrigens auch für manche Mengenangaben. Es gibt schließlich größere und kleinere Eier. Oder das Thema Fruchtbelag: 400 Gramm Erdbeeren können, je nach Größe der Beeren, zu viel oder zu wenig sein. Bitte – habt keine Angst, Euch auch selbst zu vertrauen! Wenn die Beeren nicht reichen, dann nehmt eben noch ein oder zwei oder drei dazu. Und wenn der Kuchen innen noch feucht ist, dann braucht er noch ein paar Minuten. Wenn er aber außen schon schwarz wird, ist er wahrscheinlich mehr als fertig!

Gerade in meinen Kursen merke ich oft, dass viele besonders im süßen Bereich, in dem es natürlich prinzipiell schon um genaue Mengen und Zeitangaben geht, mehr einem Rezept als dem eigenen Gefühl vertrauen. Dabei ist das Gefühl – ein ganz kleines bisschen – schon »erlaubt«, sogar notwendig. Um dieses Gefühl zu unterstützen, gebe ich im Buch auch jede Menge Tipps. Das war mir persönlich sehr wichtig. Denn es gibt so viele kleine Kniffe, die alles einfacher machen, oder die dazu führen, dass es noch den kleinen Tick besser schmeckt. Man muss sie nur kennen.

Ich weiß ja, dass ich durch meine Fernsehrolle als sehr streng gelte. Aber das ist dort eben meine Aufgabe. Hier geht es mir vielmehr darum zu zeigen, wie viel Spaß Kuchen und Süßes machen. Das möchte ich vermitteln. Die Fachfrau steht im Geiste (und in den Rezepten) dahinter, aber zuallererst geht es um die Freude, Eure Freude.

Laufstall in der Backstube

Ich wurde in eine Konditorenfamilie geboren, die bis ins Jahr 1895 zurückgeht. Mein Laufstall stand wirklich in der Backstube. Tatsächlich kann ich mich noch erinnern – vielleicht sind es aber auch die Erzählungen meiner Eltern – dass ich, sobald ich gesehen habe, dass aus der Eismaschine das frische Eis raus kam, den Mund wie so ein Vogerl aufgemacht und auf die »Fütterung« gewartet habe. Sobald ich dann selbst mit Teig modellieren konnte, war ich der »Schrecken« der Backstube. Denn einerseits muss ich damals ziemlich niedlich ausgesehen haben – wer kann einer blonden, blauäugigen Puppi schon etwas abschlagen? Andererseits war ich auch noch die Tochter des Chefs, die einen Mürbeteighasen gebildet hat, der zweieinhalb Kilo hatte und dann gebacken werden sollte. Und das, obwohl man dem Kind dreimal erklärt hat: »Andrea, der ist zu groß, der wird entweder innen zu nass oder außen zu schwarz.« Aber da steht dieses Kind da, macht große Augen und bettelt mit flehender Stimme: »Bitte! Backen!« Natürlich wurde der Hase gebacken, natürlich war er innen nicht fertig – aber ich war glücklich. So bin ich in dieses Geschäft reingewachsen, ganz spielerisch. Es hieß nie: Du musst jetzt unbedingt in der Backstube helfen. Ganz im Gegenteil. Wenn ich von der Schule heimkam, habe ich meinen Schulranzen in die Ecke geschmissen und bin in die Backstube zum Helfen. Die Arbeit, die Atmosphäre, ich habe es geliebt. Zwar hatte ich mich dann zuerst für eine Ausbildung zur Hauswirtschafterin entschieden und diese auch abgeschlossen, aber dabei wurde mir klar: Mein Herz ist beim Backen. Mein Vater war nicht etwa gerührt über diesen Entschluss, sondern eher besorgt: »Andrea, Du weißt, was das an Arbeit bedeutet, überleg's Dir wirklich gut.« Ich habe geantwortet: »Ich weiß.« Und ich habe es nie bereut, mir bis heute nie Gedanken gemacht, ob ich vielleicht den falschen Beruf erlernt habe. Ich liebe ihn.

Einer, der mir zeigt, wo der Hase läuft

Obwohl ich mich also für die Familientradition entschieden hatte, wollte ich auf keinen Fall im Betrieb meiner Eltern lernen. Mit meinem bayerischen Sturkopf wäre das gar nicht gut gewesen. Also habe ich mich im Café Luitpold in München beworben. Der Meister dort, Herr Hefele, war für mich der größte Meister schlechthin. Beim Vorstellungsgespräch saß er vor mir und sagte: »Bei mir schließen alle Lehrlinge mit einer Eins ab.« Da habe ich zwar erst einmal geschluckt, aber dann war mir klar: Hier bist du goldrichtig, der zeigt dir, wo der Hase läuft. Die Lehre im Luitpold war das Beste, was mir passieren konnte. Wir haben dort alles gelernt, vom normalen Vanillepudding bis zum feinsten Krokant. Damals fing auch alles an: Ich wurde bester Lehrling in München, dann Kammersieger, Landessieger, Bundessieger, und war damit für die Weltmeisterschaft qualifiziert. Dabei war ich nie verbissen, ich hatte viel Spaß an dem, was ich gemacht habe und die Dinge sind einfach auf mich zugekommen. Das ist auch später so geblieben. Ob Fernsehen oder Bücher, es hat sich schlichtweg ergeben und das finde ich viel schöner, als wenn man etwas unbedingt erzwingen möchte.

Training für die WM – von Stoppuhren und Sektgläsern

Für die Vorbereitung zur Weltmeisterschaft habe ich ein halbes Jahr mit meiner normalen Arbeit pausiert. Trainiert wurde ich von Manfred Backer aus Mühldorf, selbst ein Konditorenweltmeister. Jeder Teilnehmer hat bei einer solchen Weltmeisterschaft Aufgaben, die er individuell gestalten muss. Dazu gehören »nationale Spezialität«, »Dreistocktorte«, »Petits Fours«, »Eisspezialität« und natürlich ein »Schaustück«. Letzteres kann man sich so ungefähr wie die Kür beim Eislaufen vorstellen. Als Erstes macht man dann ein Konzept, indem man festlegt, wie der Gesamtstil sein soll, wie man die einzelnen Stücke präsentieren möchte und vor allem auch, was umsetzbar ist. Meine ersten Zeichnungen hat mein Trainer ganz schnell vom Tisch gewischt: »Mädel,

Du hast insgesamt drei Tage Zeit. Wenn Du das so machen willst, wie Du es jetzt gezeichnet hast, dann bist Du nach einer Woche noch nicht fertig.« Als ich mit den Marzipanfiguren angefangen habe, hat er eine Stoppuhr genommen und mir erklärt: »Du hast für eine Marzipanfigur maximal zehn Minuten Zeit.« Oder die Zuckerrosen! Am Anfang habe ich für eine einzelne, schöne Zuckerrose zehn Minuten gebraucht und am Schluss vielleicht noch etwa zwei Minuten. Aber ich hatte auch wirklich Blasen an den Händen. Der Aufsatz auf meiner Torte sollte ein gerade stehendes Sektglas aus Zucker sein. Das hat meinem Trainer nicht gefallen. Also musste ich es schräg machen. Dann haben wir ausprobiert, wie es aussieht, wenn es zerbrochen ist. Immer wieder musste ich es neu machen. Irgendwann war ich nahe daran, meinem Trainer an die Gurgel zu gehen und einfach hinzuschmeißen. Aber im Nachhinein war ich ihm dankbar, denn er hat mich auf alles vorbereitet. Wäre mir zum Beispiel in Kanada beim Wettkampf der Stiel des Sektglases kaputtgegangen, hätte ich mit drei anderen Versionen spielen können und es hätte immer noch gut ausgesehen.

Die Weltmeisterschaft

Und dann ging es wirklich nach Kanada. Es war die 35. Berufsweltmeisterschaft der IVTO (International Vocational Training Organisation). Da nehmen ganz unterschiedliche Berufe teil, vom Schreiner über den Goldschmied bis eben hin zum Konditor.
Unser Team der deutschen Mannschaft bestand aus 42 Leuten (also 42 Berufen) und innerhalb dieses Teams herrschte wirklich ein toller Zusammenhalt. Unter uns Konditoren musste ich allerdings bald feststellen, mit »Wir haben uns alle lieb!« und »Dabei sein ist alles!« war es hier vorbei. Da merkte man schon den großen Druck. Hinter mir hatte der kanadische Kandidat seinen Platz und vor mir der Franzose. Am zweiten Tag sehe ich plötzlich, wie der Franzose seine Schürze auszieht, sie auf seinen Tisch wirft und geht. Was war passiert? Er hatte auf seiner Ganache einen kleinen Klecks, der da nicht hingehörte. Um die Torte nochmal zu überziehen, dafür war die Zeit zu knapp. Weil er also wusste, dass er keine Chance mehr auf einen der vorderen Plätze hat, hat er gleich aufgegeben. Monatelanges Training umsonst! Bei mir ging Gottseidank alles gut. Aber der klare Favorit war für uns alle der Kandidat aus Japan. Allerdings wusste ich auch, dass meine Chancen auf den zweiten oder dritten Platz nicht ganz unberechtigt waren.

Und dann kam der Tag der Siegerehrung im Olympiastadion von Montreal. Alle Nationen zogen ins Stadion ein, wie man das auch von sportlichen Weltmeisterschaften kennt. Das war schon ein einzigartiges Gefühl. Nur eines war ein bisschen schrecklich: Wir, die deutsche Mannschaft, mussten so mausgraue Kostüme und Anzüge tragen und die Farben der deutschen Flagge als Halstuch. Wir sahen richtig doof aus, das muss ich leider zugeben. Die Kanadier kamen in einem wunderschönen Karamellton, die Österreicher in Janker und Dirndl – nur wir: mausgrau!
Aber dann ging es los. Jeder Berufsstand wurde aufgerufen und wir sollten erst an 42. Stelle kommen. In der deutschen Mannschaft hatten wir bis dahin einen Weltmeister, den Maler. Dann endlich kamen sie zu den Konditoren. Der dritte Platz ging an Österreich, und ich habe mich heimlich schon ein bisschen über Silber gefreut oder zumindest stark gehofft. Aber Silber ging an den Japaner – den Favoriten. Da saß ich dann nur noch mit verkrampften Händen da und habe ganz leise »bitte, bitte, bitte« vor mich hin geflüstert. Als dann wirklich mein Name fiel, war das überwältigend. Ich spüre noch heute das Wasser in den Augen. Neben den Geburten meiner Kinder war das wirklich einer der wichtigsten Momente in meinem Leben.

München – Hongkong und zurück

Der Gewinn des Weltmeistertitels war natürlich schon die Grundlage für alles, was danach kam. Vor allem, weil mir der Sieg mehr Selbstbewusstsein gegeben hatte, aber auch mehr Mut. Wer aber glaubt, damals wären Fernseh- und Showangebote auf mich zugekommen, der irrt. Und das war gut so, denn so konnte ich in den nächsten Jahren erst einmal Erfahrungen sammeln, raus in die Welt und schließlich meinen Meister machen.

Nachdem ich in verschiedenen Betrieben in München gearbeitet hatte, hat es mich gebissen und ich wollte in die Welt hinaus. In meiner Familie und meinem Freundeskreis hat damals keiner geglaubt, dass ich das schaffe, weil mich jeder nur sehr traditionell und sehr verwurzelt kannte. Aber ich habe einfach innerlich tief Luft geholt, mir klar gemacht, dass es immer einen Flieger nach Hause gibt, wenn ich es gar nicht mehr aushalte und bin nach Hongkong geflogen: Dort hatte ich zwei wunderbar spannende Jahre. Manche haben beim Thema Asien immer nur das China-Restaurant im Kopf, aber das stimmt eben nicht. Die reichen Hongkong-Chinesen sind an allem interessiert, was aus Europa kommt, lieben Macarons und Mousse, aber man kann auch die asiatischen Produkte einbauen. Viele dieser Produkte kannte man in Deutschland noch gar nicht. Da konnte ich schon damals – das ist 13 Jahre her – eine schöne Yuzu nehmen und in eine feine Praline einarbeiten. Aber nicht nur diese Einflüsse haben mich beeindruckt, auch die akkurate Arbeitsweise dort. Wenn ich einem chinesischen Mitarbeiter gezeigt habe, wie er etwas machen soll, dann musste ich ihm das höchstens zwei-, dreimal zeigen, danach wurde das Produkt genau so, wie ich es ihm vorgemacht habe. Böse Zungen könnten jetzt sagen, dass sie eben gut im Kopieren sind. Aber ganz ehrlich, manchmal würde ich mir so viel Hingabe und Konzentration auch hier wünschen.

Die Zeit in Hongkong möchte ich um keinen Preis missen. Ich habe damals höchstens bereut, dass ich nicht früher in die Welt gezogen bin. Jungen Leuten, egal aus welchem Beruf, kann ich nur raten: Geht weg! Eure Familie wird Euch nicht verloren gehen und gute Freunde auch nicht. Aber die Erfahrung, die man macht, wenn man einmal ganz andere Menschen, ganz andere Kulturen kennenlernt, die kann einem keiner mehr nehmen.

Zurück in Deutschland bin ich zu Feinkost Käfer in die Patisserie gegangen. Auch das war eine wichtige Station, denn hier habe ich meine große Leidenschaft entdeckt: Event-Torten. Bei Käfer gab es viele große Veranstaltungen, für die ich Torten vom ganzen Ferrari bis zum lebensgroßen Playboy-Bunny für Hugh Hefner kreieren durfte. Das war meins! Torten je höher, je größer, je ausgefallener, desto besser. Das liebe ich, und das ist es auch, was ich heute – neben der Backakademie und Shows und Fernsehen – hauptsächlich mache.

TV – erst Papa, dann Eni, jetzt Lafer

Als ich noch bei Käfer war, wurde mein Vater krank und da hieß es plötzlich: »Andrea, jetzt musst Du daheim übernehmen.« Das habe ich selbstverständlich gemacht, aber immer mit ein bisschen Zähneknirschen. Denn man kommt da schnell in das Fahrwasser »das haben wir immer schon so gemacht«. Natürlich haben sich viele Sachen bewährt, die man auch weiter auf diese Art machen sollte. Aber, wie schon erwähnt, ich bin ein Sturkopf, also fiel mir das sehr schwer. Allerdings habe ich dann mit meinem Vater auf eine ganz andere Weise hervorragend zusammengearbeitet: vor der Kamera. 2007 kam der Bayerische Rundfunk auf mich zu und meinte, man könne doch eine Sendung machen »Backen wie die Weltmeister«. Wir hatten gerade eine Besprechung bei uns im Café in München-Ramersdorf, da kam mein Papa um die Ecke und hat etwas gefragt. Und da ich ja ein absolutes Papa-Kind war und bin, fange

ich immer an zu strahlen, wenn er mit mir spricht. Das hat die Redakteurin natürlich gesehen und spontan gesagt: »Ihr seid so nett zusammen, machen wir die Sendung doch mit Euch beiden und nennen sie *Backen wie die Weltmeister mit Papa Huber.*« Und so kam es dann auch. Wir beide waren jeden Freitag auf Sendung. Meistens habe ich etwas gebacken und der Papa hat dazu die Geschichte erzählt. Zum Beispiel gab es Amerikaner von mir, und er hat erzählt, wie es war, als nach dem Krieg die Amerikaner unser Café besetzt hatten. Da es ja das Bayerische Fernsehen war, durften wir auch Bayerisch sprechen, und das hat mir dann sogar einen Spitznamen eingebracht. Weil ich zur Vanille immer »Fanui« gesagt habe (so heißt das halt auf Bayerisch) hieß ich schon bald nur noch die »Fanui«. Sogar bei manchen Kunden, die zu uns ins Café kamen und gleich riefen: »Ja mei, die Fanui – des is nett.«

Dann kam irgendwann das Angebot von SAT1, die strenge Fachjurorin bei »Das große Backen« zu werden. Das war für mich natürlich eine ganz große Ehre, da musste ich nicht lange überlegen. Durch dieses Engagement kamen dann auch Firmen auf mich zu, um mich als Testimonial zu gewinnen. Und das wiederum ermöglichte es mir, meinen Traum zu verwirklichen. Ich habe, in Absprache mit meinen Eltern, das Café und die Konditorei in München aufgegeben und in Oberpframmern (etwas außerhalb von München) meine Backakademie mit Konditorei eröffnet. Kurse zu geben, Bücher zu schreiben, Torten zu machen und auch ein bisschen noch im Laden zu stehen, weil mir die Nähe zu den Kunden überaus wichtig ist – das war für mich der Lotto-Sechser. Das heißt ganz sicher nicht, weniger Arbeit, aber es ist genau das, was ich liebe.

Und ich lerne nie aus. Bei der aktuellen Produktion für »Deutschlands bester Bäcker« im ZDF, bei der ich an der Seite von Johann Lafer die Jurorin sein darf, die ihre Kritik sehr direkt abgibt, lerne ich vor allem von ihm. Natürlich hat er in dieser Sendung die Rolle des Charmanten. Aber er ist auch wirklich so. Vor dieser Produktion kannte ich ihn eigentlich nur von ein paar Worten, wenn wir uns bei gemeinsamen Sponsoren begegnet sind. Aber jetzt arbeiten wir gerade eng zusammen, und das ist eine tolle Erfahrung. Er ist ein alter Hase in dem Geschäft, bei allem, was er macht, Profi und gleichzeitig zum ganzen Team sehr, sehr höflich. Und auf der anderen Seite ist er eben auch ganz normal, ein Mensch wie du und ich.

Mit Herz dabei

Ich habe mich ja selbst noch nicht wirklich daran gewöhnt, »prominent« zu sein. Aber natürlich hat das manchmal schon Vorteile. Zum Beispiel, weil ich meine Bekanntheit auch für gute Zwecke einsetzen kann. Seit ein paar Wochen bin ich Botschafterin der Stiftung KinderHerz. Als mich Prinz Luitpold von Bayern bei einer Veranstaltung gefragt hat, ob ich mir diese Aufgabe vorstellen könnte, musste ich nicht lange überlegen. Ich habe das große Glück selbst zwei gesunde Mädchen zu haben – und gerade wenn du viel Glück im Leben hast, dann kannst du gut ein Stückchen davon abgeben.

Aber jetzt wünsche ich mir erst einmal, dass Ihr ein bisschen glücklich werdet, wenn Ihr das eine oder andere Rezept aus diesem Buch ausprobiert. Besser gesagt: Ich kann Euch garantieren, dass Ihr mit den Ergebnissen, Euch und diejenigen, die naschen dürfen, ziemlich glücklich machen werdet.

FRUCHTIG &

FRISCH

BLUEBERRY PIE

Für den Mürbeteig

1 Bio-Orange
385 g Weizenmehl Type 405
1 TL feiner Kristallzucker
½ TL Salz
225 g kalte Butter
65 g kaltes Wasser

Für die Füllung

1160 g frische Heidelbeeren, gewaschen und verlesen
40 g feine Speisestärke
95 g feiner Kristallzucker
10 g frisch gepresster Orangensaft (siehe Orangenabrieb für den Mürbeteig)
Mark von 1 Vanilleschote
1 Prise Macisblüte
30 g kalte Butter

Zum Bestreichen

1 Eigelb (Größe M)
10 g Vollmilch (3,5 % Fettgehalt)

Mürbeteig

Die Orange heiß abwaschen und trocknen. Die Orangenschale fein abreiben. Den Saft auspressen, 10 g für die Füllung abwiegen und beiseite stellen. Der restliche Orangensaft kann anderweitig verwendet werden.
Das Mehl in eine Schüssel sieben. Den Zucker, das Salz, den Orangenabrieb und die kalte, gewürfelte Butter hinzufügen und alles mit dem Handrührgerät (Knethaken) rasch verkneten. Das kalte Wasser hinzufügen und alles zu einem glatten Teig verkneten. Diesen Mürbeteig zu einer Kugel formen, in Frischhaltefolie wickeln und mindestens 50 Minuten in den Kühlschrank legen.
Den Teig nach der Kühlzeit halbieren. Die erste Hälfte in Frischhaltefolie gewickelt zurück in den Kühlschrank legen. Die zweite Teighälfte auf einer bemehlten Arbeitsfläche rasch zu einem Kreis von ca. 30 cm Durchmesser ausrollen. Diesen Teigkreis in eine mit Butter gefettete und leicht bemehlte Pieform (22 cm Durchmesser) legen. Der Teig sollte rundherum 1 cm über den Rand der Form hinausragen. Die Form in den Kühlschrank stellen.

Füllung

In der Zwischenzeit die Heidelbeeren mit der Speisestärke, dem Zucker, dem Orangensaft, dem Vanillemark und der Macisblüte in eine Schüssel geben. Alles mit einer Gabel durchmengen, dabei dürfen ruhig einige Heidelbeeren zerdrückt werden.
Das Blaubeergemisch auf dem gekühlten Boden gleichmäßig verteilen. Die Butter in Flöckchen auf der Blaubeerfüllung verteilen.

Pie fertigstellen

Den übrigen Mürbeteig auf einer bemehlten Arbeitsfläche rasch zu einem Teigdeckel von ca. 26 cm Durchmesser ausrollen.
Das Eigelb mit der Milch verquirlen. Die Ränder des Pies in der Form damit bestreichen.
Den Teigdeckel auf die Pie legen und die überstehenden Ränder abschneiden. Den Deckel mit dem Rand fest zusammendrücken, sonst läuft die heiße Blaubeerfüllung beim Backen aus.
Den Deckel mit dem Eigelb-Milch-Gemisch bestreichen, dann mit einem scharfen, spitzen Messer etwa 5 kurze Einschnitte hineinmachen.
Die Pie in den auf 200°C (Ober-/Unterhitze) bzw. 180°C (Umluft) vorgeheizten Backofen schieben und 20 Minuten backen. Die Hitze auf 180°C (Ober-/Unterhitze) bzw. 160°C (Umluft) herunterschalten und die Pie weitere 45–50 Minuten goldbraun backen.
Die Pie lauwarm genießen – da schmeckt sie am besten.

Mein Tipp

Aus den Teigresten, die beim Zurechtschneiden des Deckels abfallen, kann man kleine Ornamente ausstechen und diese vor dem Backen auf den Deckel legen.

BLUEBERRY MARSHMALLOWS

Ergibt ca. 25 Stück

15 g gesiebter Puderzucker
15 g gesiebte Weizenstärke
etwas Rapsöl für die Form
25 g weiße Pulvergelatine
310 g Wasser
400 g Kristallzucker
50 g Agavendicksaft
100 g Eiweiß
1 Prise Fleur de Sel
5 g »Blueberry Flavor« von LorAnn (im Internet erhältlich)
etwas lila pastöse Lebensmittelfarbe (im Internet erhältlich)
etwas gesiebter Puderzucker zum Wälzen

Den Puderzucker mit der Weizenstärke in einer Schüssel vermischen.
Eine quadratische Backform (20 x 20 cm) mit Rapsöl fetten und mit dem Puderzuckergemisch bestäuben. Dabei überschüssigen Puder herausklopfen. Die Form beiseitestellen. Das restliche Puderzuckergemisch aufbewahren.
Die Gelatine mit 60 g kaltem Wasser verrühren und quellen lassen.
Das restliche Wasser mit dem Zucker und dem Agavendicksaft in einen Topf geben und auf 120°C kochen. (Dazu ein Zuckerthermometer zu Hilfe nehmen.)
Währenddessen das Eiweiß und das Fleur de Sel in die Rührschüssel der Küchenmaschine geben und zu cremigem Eischnee schlagen.
Den Topf mit dem heißen Zuckersirup vom Herd nehmen und die angerührte Gelatine in den heißen Sirup rühren. Das Eiweiß auf höchster Stufe weiterschlagen. Dann während die Küchenmaschine läuft den Zuckersirup und das »Blueberry Flavor« gleichzeitig jeweils in einem dünnen Strahl in den Eischnee laufen lassen. Den Eischnee 4 Minuten weiterschlagen, bis die Masse Raumtemperatur annimmt.
Die Hälfte der Masse in die vorbereitete Form füllen und glatt streichen.
Etwas lila Farbpaste zu der restlichen Masse geben, in der Küchenmaschine (Rührbesen) unterrühren und lila einfärben. Die lila Masse vorsichtig auf der Masse in der Form verteilen und glatt streichen.
Die Marshmallowmasse ca. 4 Stunden in den Kühlschrank stellen.
Ein großes Schneidebrett mit dem Puderzuckergemisch übersieben. Die getrocknete Marshmallowmasse auf das Brett stürzen und mit einem scharfen Messer in ca. 25 Würfel schneiden. Diese vorsichtig in etwas Puderzucker wälzen.

Mein Tipp

»Blueberry Flavor« ist nur über das Internet erhältlich. Verwenden Sie ausschließlich die Backzutat »Blueberry Flavor«, keine Duft- oder Aromaöle!

TARTE TATIN AUX ABRICOTS

Zutaten
950 g reife, feste Aprikosen
etwas weiche Butter für die Form
4 EL brauner Zucker
4 Eier (Größe M), getrennt
250 g Weizenmehl Type 550
3 g Backpulver
150 g Mandelkerne, gemahlen
225 g weiche Salzbutter
170 g Kristallzucker
fein geriebene Schale von 1 Bio-Orange
Mark von 1 Vanilleschote
75 ml Vollmilch (3,5 % Fettgehalt)

Die Aprikosen waschen, halbieren, entsteinen und vierteln. Eine Tarte- oder Quicheform (26 cm Durchmesser) mit weicher Butter fetten und mit dem braunen Zucker ausstreuen. Die Form kurz in den auf 220°C vorgeheizten Ofen (Ober-/Unterhitze) stellen, bis der Zucker karamellisiert. Die Form dann herausnehmen und etwas abkühlen lassen. Die Ofentemperatur auf 180°C (Ober-/Unterhitze) bzw. 160°C (Umluft) reduzieren.
Die Aprikosenviertel rosettenförmig und eng anliegend auf dem Karamell verteilen.
Die Eiweiße in eine Rührschüssel geben und mit dem Handrührgerät (Rührbesen) zu steifem Schnee schlagen.
Das Mehl mit dem Backpulver in eine Schüssel sieben, dann die gemahlenen Mandeln untermischen.
Die weiche Butter mit dem Zucker, dem Orangenabrieb und dem Vanillemark in eine Rührschüssel geben und mit dem Handrührgerät (Rührbesen) oder in der Küchenmaschine (Rührbesen) schaumig schlagen. Die Eigelbe einzeln dazugeben und je ca. 30 Sekunden einrühren.
Anschließend abwechselnd das Mehl-Backpulver-Gemisch und die Milch esslöffelweise unterrühren, bis ein gebundener Teig entstanden ist. Den Eischnee vorsichtig unter den Teig ziehen.
Den Teig auf die Aprikosen in der Tarteform geben, verteilen und die Oberfläche glatt streichen. Die Tarte etwa 45 Minuten bei 180°C (Ober-/Unterhitze) bzw. 160°C (Umluft) goldbraun backen, dann aus dem Ofen nehmen. Den Kuchenrand vorsichtig mit einem Küchenmesser lösen und die Tarte sofort auf ein Kuchengitter stürzen. Die Tarteform vorsichtig lösen und abnehmen.
Die Tarte vor dem Servieren etwas abkühlen lassen. Mit einem Klecks Schlagsahne oder einer Nocke Vanilleeis genießen.

Meine Tipps

Die Tarte- oder Quicheform sollte am Rand leicht konisch sein, so kann man den Kuchen besser stürzen und er löst sich besser von der Form.
Die aromareichsten Aprikosen stammen aus der Wachau, der Steiermark und aus Frankreich – nehmen Sie diese, Sie werden den Unterschied schmecken!

APRIKOSENLUTSCHER

Zutaten
280 g Kristallzucker
6 EL reiner Aprikosensaft (ohne Zuckerzusatz)
½ TL gelbe Lebensmittelfarbe (in Pulverform)
½ TL Zitronensäure

Den Zucker mit dem Aprikosensaft in einen kleinen Topf geben und unter Rühren aufkochen. Dabei den inneren Topfrand immer wieder mit einem feuchten Pinsel auswischen. Nach einer Kochzeit von etwa 5 Minuten lässt sich der Zuckersirup mit einem Esslöffel zum Faden ziehen. Sobald das der Fall ist, die Lebensmittelfarbe und die Zitronensäure in den Sirup rühren.
Ein großes Backpapier auf die Arbeitsfläche legen. Den heißen Sirup mit einem Esslöffel kreisförmig auf das Backpapier geben. Vorsichtig sein, denn der Sirup ist heiß! Alternativ den heißen Sirup in eine mit Backtrennspray gefettete Lolli-Metallform oder in eine hitzebeständige Silikonform (z. B. Herz- oder Blumenform) gießen.
In die Sirupkreise sofort kleine Lolli-Stiele aus Holz oder Papier stecken und hineindrücken. Darüber noch etwas heißen Sirup geben.
Die Lollis 20 Minuten abkühlen lassen.

Mein Tipp

Der »schwache Faden« ist die Kochprobe von heißem Zucker: Man nimmt einige Tropfen Zuckerlösung zwischen Daumen und Zeigefinger und bewegt die Finger auseinander. Es bildet sich ein dünner Faden, der rasch abreißt. Das klappt, sobald der Sirup 104°C erreicht hat – dann hat er die richtige Konsistenz. Vorsicht, nicht am heißen Sirup die Finger verbrennen!

TARTE AU CITRON

Für den Tarteboden
245 g Weizenmehl Type 405
60 g Puderzucker
145 g kalte Salzbutter

Für den Belag
100 g flüssige Sahne
7 Eigelb (Größe M)
2 Eier (Größe M)
230 g feiner Kristallzucker
10 g feine Speisestärke
½ TL Salz
160 ml frisch gepresster Zitronensaft
75 g kalte Butter

Für die Meringe
160 g feiner Kristallzucker
50 ml Wasser
3 Eiweiß (Größe M)
1 Prise Salz
1 Msp. Weinsteinbackpulver

Tarteboden

Das Mehl mit dem Puderzucker in eine Schüssel sieben und vermengen. Die kalte Salzbutter würfeln und hinzufügen. Alles mit dem Handrührgerät (Knethaken) oder mit den Händen rasch zu einem glatten Teig verkneten.
Den Teig auf einer bemehlten Arbeitsfläche dünn ausrollen und in eine mit Butter gefettete und bemehlte Tarte- oder Pieform (26 cm Durchmesser) legen. Den Teig leicht andrücken, die überstehenden Ränder mit einem scharfen Messer abschneiden und den Teig mit einer Gabel mehrmals einstechen. Die Form 45 Minuten in den Kühlschrank stellen.
Die Form nach der Kühlzeit in den auf 175°C (Ober-/Unterhitze) bzw. 150°C (Umluft) vorgeheizten Backofen schieben und den Tarteboden etwa 15 Minuten backen.

Belag

Die Sahne in einen Rührbecher geben und mit dem Handrührgerät (Rührbesen) steif schlagen.
Die Eigelbe mit den Eiern, dem Zucker, der Speisestärke, dem Salz und dem Zitronensaft in einen Topf geben. Den Topfinhalt unter stetigem Rühren vorsichtig erhitzen.
Die Butter in kleine Würfel schneiden, schrittweise hinzufügen und mit einem Schneebesen verrühren und auflösen. Das Gemisch unter stetigem Rühren andicken lassen, bis eine Creme entstanden ist.
Die geschlagene Sahne unter die Zitronencreme heben.
Die Zitronencreme auf dem Tarteboden verteilen und glatt streichen.
Die bestrichene Tarte in den auf 175°C (Ober-/Unterhitze) bzw. 150°C (Umluft) vorgeheizten Backofen schieben und 10–15 Minuten backen.
Die fertig gebackene Tarte in der Form abkühlen lassen und 4 Stunden in den Kühlschrank stellen.

Meringe

Den Zucker mit dem Wasser in einen kleinen Topf geben und unter Rühren köcheln lassen, bis sich der Zucker aufgelöst hat und ein heller Sirup entstanden ist.
Die Eiweiße mit dem Salz und dem Weinsteinbackpulver in eine Schüssel geben und mit dem Handrührgerät (Rührbesen) zu steifem Schnee schlagen. Dabei langsam in dünnem Strahl den heißen Sirup hineinlaufen lassen. Den Eischnee schlagen, bis er cremig und glänzend ist.

Die Tarte fertigstellen

Die Meringe so auf der Tarte verteilen, dass an der Oberfläche schöne Zacken entstehen. Alternativ die Meringe mit einem Spritzbeutel auf die Tarte spritzen. Die Meringe dann mit einem Flambierbrenner goldbraun abflämmen.

Mein Tipp

Schöne Aromenvariationen ergeben sich, wenn man andere Zitrusfrüchte verwendet, zum Beispiel Limetten, Grapefruits oder Pampelmusen.

LIMONCELLO

Ergibt ca. 850 ml

3–4 große Bio-Zitronen
500 g Arrak (heller Branntwein)
650 g Wasser
225 g feiner Kristallzucker

Die Zitronen heiß waschen, trocknen und mit einem Sparschäler dünne, breite Streifen abschälen. Dabei darauf achten, keine weißen Schalenbestandteile mitzuschälen, da diese bitter schmecken.
Die Zitronenschale in ein großes Einmachglas (1 l Fassungsvermögen) geben und mit dem Arrak übergießen. Das Glas fest verschließen und 14 Tage bei Zimmertemperatur stehen lassen.
Anschließend den Glasinhalt durch ein feines Sieb gießen.
Das Wasser mit dem Zucker in einen Topf geben und erhitzen. Dabei den Zucker unter Rühren auflösen. Den Topf vom Herd nehmen und den Sirup abkühlen lassen.
Den Zitronen-Arrak mit dem Sirup vermischen und in kleine Dekorflaschen füllen. Diese gut verschließen und kühl lagern.

Mein Tipp

Aus dem Saft der Zitronen können Sie eine Tarte au citron backen oder einen Lemon Curd kochen.

JOHANNISBEER-BAISER-TORTE

Für den Teig

200 g Weizenmehl Type 405
125 g Salzbutter
80 g feiner Kristallzucker
1 Ei (Größe M)
1 Bio-Zitrone
getrocknete Hülsenfrüchte zum Blindbacken

Für die Johannisbeerfüllung

350 g frische rote Johannisbeeren
70 ml roter Johannisbeersaft
80 g Kristallzucker
30 g feine Speisestärke
30 ml Wasser

Für das Baiser

3 Eiweiß (von Eiern Größe M)
3–5 Tropfen frisch gepresster Zitronensaft
110 g feiner Kristallzucker

Zum Dekorieren

einige frische rote Johannisbeeren
etwas Puderzucker zum Bestäuben

Teig vorbereiten

Das Mehl in eine Schüssel sieben.
Die kalte Butter in kleine Würfel schneiden und über das Mehl geben. Den Zucker, das Ei und die fein geriebene Schale der Zitrone hinzufügen und alles mit dem Handrührgerät (Knethaken) oder mit den Händen zu einem glatten Teig verkneten. Diesen zu einer Kugel formen, in Frischhaltefolie wickeln und etwa 30 Minuten in den Kühlschrank legen.

Johannisbeerfüllung

Die Johannisbeeren waschen, mit einer Gabel von den Rispen lösen und in einen kleinen Topf geben. Den Johannisbeersaft und den Zucker hinzufügen. Alles zusammen einmal aufkochen.
Die Speisestärke mit dem kalten Wasser anrühren und in das heiße Johannisbeergemisch rühren. Die Flüssigkeit abermals aufkochen. Sobald die Flüssigkeit nicht mehr trüb, sondern klar ist, den Topf vom Herd nehmen.

Tortenboden backen

Eine Tarteform (28 cm Durchmesser) mit etwas Butter fetten und bemehlen.
Den gekühlten Teig aus der Folie nehmen und auf der Arbeitsfläche zu einem großen Kreis ausrollen. Den Teigkreis in die gefettete Tarteform legen. Die über den Rand stehenden Teigränder mit einem scharfen Messer abschneiden. Den Boden mit einer Gabel mehrmals einstechen. Die Tarteform mit dem Boden etwa 15 Minuten in den Kühlschrank stellen. Den Teigboden anschließend mit Backpapier bedecken und bis zum Rand mit reichlich Hülsenfrüchten füllen. Die Form in den auf 175°C (Ober-/Unterhitze) bzw. 165°C (Umluft) vorgeheizten Backofen schieben und den Teig darin 15–20 Minuten blind backen, bis er goldbraun ist.
Den gebackenen Boden aus dem Ofen nehmen und die Hülsenfrüchte entfernen. Den Tortenboden in der Form abkühlen lassen.
Die Johannisbeerfüllung auf dem abgekühlten Tortenboden verteilen und glatt streichen.

Baiser

Die Eiweiße und den Zitronensaft in eine Schüssel geben und mit dem Handrührgerät (Rührbesen) zu steifem Schnee schlagen. Dabei langsam den Zucker hineinrieseln lassen.
Den Eischnee in wilden Zacken auf den bestrichenen Boden geben oder mit einem Spritzbeutel mit Lochtülle auf den bestrichenen Boden dressieren.
Die Torte im Backofen (Grillfunktion) etwa 1–2 Minuten gratinieren, bis sich die Eischneespitzen braun färben.
Die Torte nach dem Abkühlen aus der Form lösen.

Dekorieren

Die Torte mit etwas Puderzucker bestäuben.

Mein Tipp

Wenn Ihr Backofen keine Grillfunktion hat, können Sie das Baiser ebenso gut mit einem Flambierbrenner abflämmen.

FRUCHTIGE JOHANNISBEER-SCHÄUMCHEN

Zutaten

150 g Eiweiß
300 g feiner Kristallzucker
Mark von 1 Vanilleschote
4 TL rotes Johannisbeerpulver
(im Internet erhältlich)

Das Eiweiß in eine Rührschüssel geben und mit dem Handrührgerät (Rührbesen) oder in der Küchenmaschine (Rührbesen) zu steifem Schnee schlagen. Erst den Zucker hineinrieseln lassen, dann das Vanillemark hinzufügen, dabei immer weiterschlagen, bis sich der Zucker aufgelöst hat und der Eischnee glänzt.
Das Johannisbeerpulver mit einem Spatel vorsichtig in den Eischnee ziehen, dabei soll eine rote Marmorierung entstehen.
Den Eischnee mit einem Esslöffel in walnussgroßen Tupfen auf 2 mit Backpapier bedeckte Backbleche setzen. (Die Tupfen dürfen ruhig zackig werden.)
Beide Backbleche gleichzeitig in den auf 90°C (Ober-/Unterhitze) bzw. 80°C (Umluft) vorgeheizten Backofen schieben und die Eischneetupfen etwa 70 Minuten trocknen lassen. Die fertig gebackenen Schäumchen im ausgeschalteten Ofen abkühlen lassen.

Mein Tipp

Statt Johannisbeerpulver kann man jedes andere farbintensive gefriergetrocknete Fruchtpulver verwenden – zum Beispiel Himbeere, Brombeere, Cassis oder Kirsche.

FÜRS KAFFEE

KRÄNZCHEN

GUGELHUPF

Für den Hefeteig
500 g Weizenmehl Type 550
250 ml Vollmilch (3,5 % Fettgehalt)
1 Würfel frische Hefe (42 g)
50 g feiner Kristallzucker
1 Bio-Zitrone
1 Prise Salz
250 g weiche Butter
3 Eier (Größe M)

Für die Füllung
100 g Korinthen (in braunen Rum eingelegt und abgetropft)
25 g frisches Orangeat, fein gehackt
25 g frisches Zitronat, fein gehackt
60 g blanchierte Mandelkerne, gehackt

Puderzucker zum Bestäuben

Das Mehl in eine Schüssel sieben.
Die Milch in einem kleinen Topf erwärmen. Die Hefe in die warme Milch bröckeln und unter Rühren auflösen.
Etwa 50 g Mehl und 1 Prise Zucker mit einem Kochlöffel in die warme Milch-Hefe-Mischung rühren. Diesen Vorteig mit Frischhaltefolie bedecken und bei Zimmertemperatur etwa 25 Minuten gehen lassen.
In der Zwischenzeit die Zitrone heiß abwaschen und trocknen. Die Zitronenschale fein abreiben.
Das restliche Mehl mit dem restlichen Zucker, dem Zitronenabrieb, dem Salz, der weichen Butter und den Eiern in eine große Rührschüssel geben. Den Vorteig hinzufügen und alles mit dem Handrührgerät (Knethaken) oder in der Küchenmaschine (Knethaken) zu einem glatten, gebundenen Teig verkneten.
Die Schüssel mit Frischhaltefolie bedecken und den Hefeteig bei Zimmertemperatur weitere 50 Minuten gehen lassen.
Den Teig nach der Gehzeit auf einer bemehlten Arbeitsfläche kräftig durchkneten, dann zu einer 2,5 cm dicken rechteckigen Platte ausrollen. Diese Platte gleichmäßig mit den Rumkorinthen, dem Orangeat, dem Zitronat und den gehackten Mandeln bestreuen.
Die Teigplatte von der breiten Seite her zu einer Rolle drehen.
Die Teigrolle in eine mit Butter gefettete Gugelhupfform (22 cm Durchmesser) legen, erneut mit Frischhaltefolie bedecken und den Hefeteig bei Zimmertemperatur weitere 40 Minuten gehen lassen.
Den Gugelhupf nach der Gehzeit in den auf 180°C (Ober-/Unterhitze) bzw. 160°C (Umluft) vorgeheizten Backofen schieben und 55–60 Minuten backen. Den Gugelhupf nach der Backzeit aus dem Ofen nehmen, sofort aus der Form stürzen, noch lauwarm mit Puderzucker bestäuben und gleich servieren.

Mein Tipp

Die Korinthen über Nacht in braunen Rum oder auch in Apfelsaft einlegen.

TÜRKISCHER NOUGAT

Ergibt ca. 15 Stück

etwas Rapsöl für die Form
1 Packung eckige Oblaten
90 g blanchierte Mandelkerne
50 g Orangeat
50 g Zitronat
175 g Akazienhonig
300 g Kristallzucker
20 g Wasser
50 g Eiweiß
1 Prise Fleur de Sel
60 g grüne Pistazienkerne
50 g Rosinen

Eine quadratische Backform (20 x 20 cm) mit Rapsöl einfetten und den Boden mit Oblaten auslegen.
Die Mandeln im auf 180°C (Ober-/Unterhitze) vorgeheizten Backofen goldbraun rösten, dann herausnehmen und abkühlen lassen, anschließend grob hacken.
Das Orangeat und das Zitronat in grobe Würfel schneiden.
Den Honig mit dem Zucker und dem Wasser in einen kleinen Topf geben und zu hellem Karamell kochen. Dabei auf 165°C erhitzen. (Die Temperatur mit einem Zuckerthermometer kontrollieren.)
Währenddessen das Eiweiß mit dem Salz in eine Rührschüssel geben und in der Küchenmaschine (Rührbesen) zu steifem Schnee schlagen.
Dann den heißen Karamell unter stetigem Schlagen in einem dünnen, gleichmäßigen Strahl in den Eischnee einlaufen lassen, bis die Masse fest wird.
Anschließend rasch die gehackten Mandelkerne, das Orangeat, das Zitronat, die Pistazien und die Rosinen untermischen und die warme Masse in die vorbereitete Form füllen. Die Oberfläche glatt streichen und ebenfalls mit Oblaten belegen. Diese leicht andrücken.
Den Türkischen Nougat abkühlen lassen. Nach dem Abkühlen aus der Form lösen und mit einem scharfen Messer in Stücke schneiden.

Mein Tipp

Kaufen Sie immer frisches Orangeat und Zitronat am Stück. Das ist von viel besserem Aroma und viel besserer Qualität als das bereits gewürfelte und abgepackte Fertigprodukt.

Karottenkuchen

Zutaten
1 kleine Bio-Orange
300 g Karotten
210 g Weizenmehl Type 405
6 g Backpulver
95 g Haselnusskerne, fein gerieben
150 g wachsweiche Butter
50 g Kristallzucker
50 g Apfeldicksaft
1 Vanilleschote
1 Prise Salz
4 zimmerwarme Eier (Größe M)

Butter und geriebene Haselnüsse für die Form
Puderzucker zum Übersieben

Die Orange heiß waschen, trocknen und die Schale fein abreiben. Den Saft der Orange auspressen.
Die Enden der Karotten abschneiden. Die Karotten schälen und fein raspeln.
Das Mehl mit dem Backpulver in eine Schüssel sieben. Die gemahlenen Haselnüsse hinzufügen und locker vermengen.
Die wachsweiche Butter mit dem Zucker und dem Apfeldicksaft, dem Vanillemark, dem Orangenabrieb und dem Salz in eine Schüssel geben und mit dem Handrührgerät (Rührbesen) schaumig aufschlagen. Die Eier einzeln dazugeben und je ca. 30 Sekunden einrühren, bis eine gebundene Masse entsteht. Anschließend das Mehl-Haselnuss-Gemisch unterheben. Zum Schluss den Orangensaft in den Teig rühren und die geraspelten Karotten unterheben.

Eine Kastenform (30 cm lang) mit Butter fetten und mit geriebenen Haselnüssen ausstreuen. Den Teig in die Kastenform füllen und die Oberfläche glatt streichen.
Die Form in den auf 180°C (Ober-/Unterhitze) bzw. 160°C (Umluft) vorgeheizten Backofen schieben und den Kuchen etwa 50 Minuten goldbraun backen.

Den abgekühlten Karottenkuchen aus der Form stürzen und nach Belieben mit Puderzucker übersieben.

Mein Tipp

Wer möchte, kann die Hälfte der Karotten durch Zucchini oder Kürbis ersetzen.

Rübli-Smoothie

Ergibt 4 hohe Gläser

6 Orangen
4 Karotten
2 EL weißes Mandelmus (aus dem Glas)
1 Msp. Vanillemark
etwas Agavensirup oder flüssiger Honig zum Süßen
1 Spritzer frisch gepresster Zitronensaft
16 Eiswürfel

Die Orangen auspressen und den Saft in einen Standmixer füllen. Die Karotten schälen, in kleine Würfel schneiden und zu dem Orangensaft geben. Alles zusammen sehr fein mixen. Das Mandelmus und das Vanillemark zugeben und nochmals gut durchmixen.
Den Smoothie je nach Süße der Orangen mit etwas Agavensirup süßen und mit 1 Spritzer Zitronensaft abschmecken.
Die Eiswürfel in einen Gefrierbeutel geben, mit einem Plattiereisen daraufklopfen und die Eiswürfel zerstoßen. Die zerstoßenen Eiswürfel in 4 hohe Gläser geben und mit dem Smoothie auffüllen.
In die Gläser je 1 Trinkhalm stecken und die Rübli-Smoothies sofort servieren.

Meine Tipps

Sollten Sie kein weißes Mandelmus vorrätig haben, können Sie auch 3–4 EL blanchierte, gemahlene Mandelkerne untermixen.
Dieser Rübli-Smoothie schmeckt zu jeder Tageszeit – als Muntermacher am Morgen oder als Vitaminbombe für zwischendurch.
Servieren Sie doch diesen Drink mal als erfrischendes Dessert – Sie werden bestimmt Anklang finden!

SPANISCHER MANDELKUCHEN

Für den Teig
1 Bio-Zitrone
130 g Butter
3 zimmerwarme Eier (Größe M)
105 g Kristallzucker
1 Prise Salz
155 g Weizenmehl Type 405

Für den Mandelguss
80 g Butter
80 g Kristallzucker
80 g flüssige Sahne
20 g Waldhonig (oder anderer flüssiger Honig)
155 g Mandelstifte
4 g Weizenmehl Type 405

Teig

Die Zitrone heiß abwaschen und trocknen. Die Zitronenschale fein abreiben.
Die Butter in einem kleinen Topf vorsichtig schmelzen und vom Herd nehmen.
Die Eier mit dem Zucker, dem Salz und dem Zitronenabrieb in eine Rührschüssel geben und mit dem Handrührgerät (Rührbesen) oder in der Küchenmaschine (Rührbesen) schaumig schlagen. Das Mehl sieben und vorsichtig unterrühren. Anschließend die flüssige Butter hineinfließen lassen und rühren, bis ein gebundener Teig entstanden ist.
Eine Springform (26 cm Durchmesser) mit Butter fetten und mit Mehl bestäuben. Den Teig in die Form geben und die Oberfläche glatt streichen. Die Form in den auf 180°C (Ober-/Unterhitze) bzw. 160°C (Umluft) vorgeheizten Backofen schieben und den Teig 20 Minuten anbacken.

Mandelguss

In der Zwischenzeit die Butter in einem kleinen Topf vorsichtig schmelzen. Den Zucker, die Sahne und den Honig hinzufügen und das Gemisch unter stetigem Rühren weiterkochen, bis die Masse zu einem zähflüssigen Guss andickt.
Die Mandelstifte mit dem Mehl vermengen, in den Guss rühren und so lange einkochen, bis er von streichfähiger Konsistenz ist.

Kuchen fertigstellen

Den Mandelguss auf dem vorgebackenen Teig verteilen und glatt streichen. Den Kuchen weitere 15–20 Minuten backen, bis er goldbraun ist.
Den Mandelkuchen aus dem Backofen nehmen und nach dem Abkühlen aus der Form lösen.

CANTUCCINI

Zutaten
250 g Weizenmehl Type 550
5 g Backpulver
1 Bio-Zitrone
1 Vanilleschote
200 g weiche Marzipanrohmasse
45 g weiche Butter
100 g Kristallzucker
1 Prise Salz
3 Eier (Größe M)
150 g ungeschälte Mandelkerne

Zum Bestreichen
1 Ei
2 EL Vollmilch (3,5 % Fettgehalt)

Das Mehl mit dem Backpulver versieben.
Die Zitrone heiß abwaschen und trocknen. Die Zitronenschale fein abreiben.
Die Vanilleschote längs aufschlitzen und das Mark herauskratzen.
Die weiche Marzipanrohmasse mit der weichen Butter, dem Zucker, dem Salz, dem Zitronenabrieb und dem Vanillemark in eine Schüssel geben und mit dem Handrührgerät (Knethaken) zu einer glatten Mischung verrühren.
Die Eier einzeln dazugeben und je ca. 30 Sekunden einrühren.
Anschließend das mit dem Backpulver versiebte Mehl rasch hineinrühren, bis ein gebundener, fester Teig entstanden ist. Zum Schluss mit den Händen die Mandelkerne in den Teig einarbeiten.
Den Teig auf einer leicht bemehlten Arbeitsfläche zu ca. 25 cm langen Rollen (je 3 cm Durchmesser) formen.
Die Teigrollen im Abstand von 5 cm auf ein mit Backpapier bedecktes Backblech legen. Das Ei und die Milch zum Bestreichen verquirlen und die Teigrollen damit bepinseln.
Die Teigrollen im auf 180°C (Ober-/Unterhitze) vorgeheizten Backofen ca. 23 Minuten backen.
Die fertigen Rollen etwas abkühlen lassen, dann leicht schräg in 1 cm breite Scheiben schneiden. Diese mit den Schnittflächen nach unten zurück auf das Backblech legen und weitere 12 Minuten fertig backen.
Die Cantuccini auf dem Backblech abkühlen lassen und anschließend luftdicht in einer Gebäckdose aufbewahren.

Mein Tipp

Qualitativ hochwertiges, weiches Rohmarzipan ist beim Konditor erhältlich. Das fertig abgepackte ist oft auskristallisiert und viel zu hart!

KLASSISCHE

TORTEN

ENGADINER NUSSTORTE

Für den Mürbeteig
300 g Weizenmehl Type 405
150 g Puderzucker
160 g Butter
1 Ei (Größe M)
1 Prise Salz

Für die Füllung
250 g Walnusskerne
20 g Butter
300 g Kristallzucker
250 g flüssige Sahne
1 Eigelb (Größe M)

Zum Bepinseln
1 Ei
1 EL Vollmilch (3,5 % Fettgehalt)

Mürbeteig

Das Mehl und den Puderzucker in eine Schüssel sieben. Die kalte Butter in Würfel schneiden und mit dem Ei und dem Salz zugeben. Dann alles zusammen rasch mit den Händen zu einem glatten Teig verkneten. Den Teig in Frischhaltefolie wickeln und ca. 1 Stunde in den Kühlschrank legen.

Füllung

Die Walnusskerne grob hacken.
Die Butter in einer kleinen Pfanne schmelzen. Den Zucker hinzufügen und unter stetigem Rühren hellbraun karamellisieren.
Die Sahne mit dem Eigelb verquirlen und zusammen mit den Walnüssen zu dem Karamell geben. Alles zusammen aufkochen, bis eine sämige Masse entsteht. Die Pfanne vom Herd nehmen und den Inhalt abkühlen lassen.

Torte fertigstellen

⅔ des gekühlten Mürbeteigs auf einer leicht bemehlten Arbeitsfläche zu einem dünnen Kreis ausrollen. Eine runde Obstkuchen- oder Springform (24 cm Durchmesser) mit der Teigplatte auslegen. Der Teig sollte rundherum ca. 1 cm über den Rand der Form hinausstehen.
Die abgekühlte Karamell-Nuss-Mischung auf dem Mürbeteigboden in der Form verteilen und glatt streichen. Den überlappenden Teigrand zur Mitte hin über die Füllung klappen. Das Ei mit der Milch zum Bestreichen verquirlen. Den Teigrand damit bepinseln.
Den restlichen Mürbeteig auf der leicht bemehlten Arbeitsfläche zu einem dünnen Kreis (24 cm Durchmesser) ausrollen. Diese Teigplatte auf die Torte legen und leicht andrücken. Den Deckel mit der Ei-Milch-Mischung bepinseln, dann mehrmals mit einer Gabel einstechen, damit sich die Teigplatte beim Backen nicht wölbt.
Die Torte im auf 200°C (Ober-/Unterhitze) vorgeheizten Backofen ca. 30–40 Minuten goldbraun backen. Anschließend auf einem Kuchengitter abkühlen lassen und in Alufolie gewickelt über Nacht bei Zimmertemperatur ziehen lassen.

Meine Tipps

Am besten ist es, frische Walnüsse selbst zu knacken, da sie viel aromatischer sind als die Kerne aus dem Frischebeutel. In Alufolie gewickelt hält sich die Torte mindestens 2 Wochen und gewinnt dabei zusätzlich an Aroma.

FLORENTINER

Zutaten
85 g Weizenmehl Type 405
30 g frisches Zitronat
30 g frisches Orangeat
40 g Belegkirschen
125 ml flüssige Sahne
50 g Butter
130 g Kristallzucker
100 g gehobelte Mandelkerne
200 g Zartbitterkuvertüre
(60 % Kakaogehalt)

Das Mehl in eine Schüssel sieben.
Das Zitronat und das Orangeat fein hacken.
Die Belegkirschen jeweils vierteln.
Die Sahne mit der Butter und dem Zucker in einen kleinen Topf geben und unter Rühren aufkochen.
Die Mandeln, das Zitronat, das Orangeat und die Belegkirschen rasch in die heiße Sahnemischung rühren. Das gesiebte Mehl ebenfalls rasch unterziehen und den Topf vom Herd nehmen.
Den Teig mit einem Löffel in kleinen Klecksen auf ein mit Backpapier bedecktes Backblech geben. Dabei reichlich Abstand zueinander lassen, die Florentiner laufen beim Backen auseinander.
Das Backblech in den auf 225°C (Ober-/Unterhitze) bzw. 210°C (Umluft) vorgeheizten Backofen schieben und die Florentiner ca. 8 Minuten goldbraun backen.
Das Backblech aus dem Ofen nehmen und sofort mit 2 Löffeln die Ränder der Florentiner leicht zusammenschieben und rund formen. Die Florentiner auf dem Blech auskühlen lassen. Die Kuvertüre in kleine Stücke hacken, in eine Metallschüssel geben und über einem heißen Wasserbad langsam schmelzen.
Die Unterseiten der abgekühlten Florentiner mit der flüssigen Kuvertüre bestreichen und auf einem Kuchengitter trocknen lassen.

Mein Tipp

Frisches Orangeat und Zitronat hackt man am leichtesten auf einem leicht mit Mehl bestäubten Brett, dann bleibt am Messer nichts kleben.

ZUPPA ROMANA

Für den Biskuitboden

80 g Weizenmehl Type 405
80 g feine Speisestärke
50 g Butter
4 Eier (Größe M)
100 g Kristallzucker
1 Prise Salz

Für die Vanillecreme

1 Bio-Zitrone
4 Blatt weiße Gelatine
300 g Vollmilch (3,5 % Fettgehalt)
200 g flüssige Sahne
100 g Kristallzucker
½ Vanilleschote
1 Prise Salz
20 g Vanillepuddingpulver
3 Eigelb

Für die Fruchteinlage und die Tränke

450 g abgetropfte Sauerkirschen (aus dem Glas)
175 g Alchermes (italienischer Likör mit Gewürzen und Rosenwasser)
175 g brauner Rum
125 g Amarenakirschsaft (Abtropfsirup aus dem Glas)
50 g Läuterzucker (Zuckersirup im Verhältnis 2,5:1)

Zum Fertigstellen

450 g flüssige Schlagsahne
20 g Kristallzucker
1 Päckchen Sahnesteif
einige Amarenakirschen (aus dem Glas)
gehackte Pistazienkerne

Biskuitboden

Das Mehl mit der Speisestärke in eine Schüssel sieben.
Die Butter in einen kleinen Topf geben und vorsichtig schmelzen.
Die Eier mit dem Zucker und dem Salz in eine Metallschüssel geben und über einem warmen Wasserbad unter Rühren handwarm erwärmen. Dann die Schüssel vom Wasserbad nehmen und das Ei-Zucker-Gemisch mit dem Handrührgerät (Rührbesen) schaumig schlagen.
Anschließend das mit der Speisestärke versiebte Mehl mit einem Schneebesen unter die schaumige Ei-Zucker-Mischung heben. Die flüssige Butter unter stetigem Rühren mit einem Schneebesen in einem dünnen Strahl in den Teig fließen lassen.
Den Teig gleichmäßig auf ein mit Backpapier bedecktes Backblech streichen und im auf 200°C (Ober-/Unterhitze) bzw. 180°C (Umluft) vorgeheizten Backofen etwa 15 Minuten backen.
Den fertig gebackenen Biskuit auf ein großes, sauberes Geschirrtuch stürzen. Das Backpapier vorsichtig abziehen. Den Biskuit abkühlen lassen.

Vanillecreme

Die Zitrone heiß abwaschen und trocknen. Die Hälfte der Zitronenschale fein abreiben.
Die Gelatine mindestens 5 Minuten in kaltem Wasser einweichen. Die Milch mit der Sahne, dem Zucker, dem Zitronenabrieb, dem ausgekratzten Vanillemark und dem Salz in einen Topf geben und aufkochen. Den Topf vom Herd nehmen.
Das Puddingpulver mit den Eigelben in einer Schüssel verrühren. Etwas heiße Milch zugeben und gut verrühren. Dann sofort mit der restlichen heißen Milch aufgießen und verrühren. Die Flüssigkeit zurück in den Topf geben und unter ständigem Rühren nochmals aufkochen. Die eingeweichte Gelatine gut ausdrücken, unter die heiße Creme rühren und auflösen.

Zusammensetzen der Zuppa Romana

Die Kirschen in einem Sieb abtropfen lassen.
Den Biskuitboden in 3 gleich große Stücke schneiden. Den ersten Boden in einen rechteckigen Backrahmen (in Größe des Biskuitbodens) legen.
Den Alchermes, den Rum, den Amarenakirschsaft und den Läuterzucker zu einer Tränke vermischen.
Den Biskuitboden im Backrahmen leicht tränken. Die Hälfte der abgetropften Kirschen auf dem getränkten Boden verteilen. Die Hälfte der heißen Vanillecreme daraufgeben und glatt streichen.
Den zweiten Biskuitboden darauflegen und etwas stärker als den ersten tränken. Die restlichen abgetropften Kirschen auf dem getränkten Boden verteilen. Den Rest der heißen Vanillecreme daraufgeben und glatt streichen.
Den dritten Biskuitboden darauflegen und tränken. Die so zusammengesetzte Zuppa Romana mit Alufolie bedecken und über Nacht im Kühlschrank durchziehen lassen.

Fertigstellen

Die Sahne mit dem Zucker und dem Sahnesteif in einen Rührbecher geben und steif schlagen.
Den Backrahmen nach oben von der Zuppa Romana abziehen. Die Zuppa Romana rundherum mit der Schlagsahne bestreichen. Etwas Sahne zurückbehalten und in einen Spritzbeutel mit Lochtülle füllen.
Die Zuppa Romana mit der Sahne ausgarnieren, dann mit den Amarenakirschen und den gehackten Pistazien verzieren.

Mein Tipp

Läuterzucker kann man ganz einfach selbst machen. Dazu 2,5 Teile Wasser mit 1 Teil Kristallzucker in einen Topf geben und unter Rühren erhitzen, bis sich der Zucker vollständig aufgelöst hat. Anschließend abkühlen lassen.

SOMMERLICHE EISTÖRTCHEN

Ergibt 6–8 Stück

Für das Kirscheis
150 g reife Süßkirschen
2 Eier (Größe M)
2 Eigelb (Größe M)
80 g Puderzucker
2 EL Alchermes (italienischer Likör mit Gewürzen und Rosenwasser)
200 g steif geschlagene Sahne

Für das Vanilleeis
200 g Vollmilch (3,8 % Fettgehalt)
200 g flüssige Sahne
80 g Kristallzucker
1 Vanilleschote
3 Eigelb

Zum Verzieren
gehackte Pistazienkerne
6–8 Amarenakirschen

Kirscheis

Die Süßkirschen waschen, entsteinen, in einen Mixbecher geben und mit dem Stabmixer fein pürieren.
Die Eier mit den Eigelben und dem Puderzucker in eine Metallschüssel geben und über einem heißen Wasserbad unter Rühren schaumig schlagen, bis eine weißliche, gebundene Creme entstanden ist. (Achtung: Das Wasserbad darf nicht zu heiß sein, sonst gibt es Rührei.) Die Metallschüssel vom Wasserbad nehmen.
Die Schüssel mit der Eiercreme auf ein Eiswürfelbad stellen und kalt schlagen.
Erst das Kirschpüree, dann den Alchermes und zuletzt die geschlagene Sahne vorsichtig unter die Creme ziehen.
Diese Kirschcreme in 6–8 Silikonförmchen für Cupcakes füllen, in das Gefrierfach stellen und 6 Stunden gefrieren lassen.

Vanilleeis

Die Milch mit der Sahne, dem Zucker und dem Vanillemark in einen kleinen Topf geben und aufkochen.
Die Eigelbe in eine Metallschüssel geben, diese auf ein heißes Wasserbad stellen und die Eigelbe zu einer weißlichen Creme schlagen. (Achtung: Das Wasserbad darf nicht zu heiß sein, sonst gibt es Rührei.)
Die Vanille-Sahne-Mischung langsam und unter ständigem Rühren in die Eiercreme rühren. Die Creme unter ständigem Rühren zur Rose abziehen, dann durch ein feines Sieb streichen. Die Vanillecreme über einem Eiswürfelbad abkühlen lassen und anschließend in der Eismaschine zu cremigem Vanilleeis gefrieren. Alternativ die kalte Creme in einen Gefrierbehälter füllen und 3 Stunden im Gefrierfach zu Eis werden lassen. Dabei alle 30 Minuten mit einer Gabel durchrühren, damit sich keine Kristalle bilden.

Fertigstellen

Die gefrorenen Eistörtchen aus den Silikonförmchen lösen.
Das Vanilleeis mit einem Esslöffel kurz cremig durchrühren, in einen Spritzbeutel mit Sterntülle füllen und rasch auf die Eistörtchen spritzen.
Die Eistörtchen mit gehackten Pistazien bestreuen und mit je einer Amarenakirsche garnieren.
Die garnierten Eistörtchen ins Gefrierfach stellen und erst 5 Minuten vor dem Servieren herausnehmen.

Mein Tipp

Zur Rose abziehen heißt, dass eine schaumig geschlagene Creme fertig ist, wenn sich auf dem Rücken eines in die Creme getauchten Holzkochlöffels beim Darüberpusten feine Wellen bilden, die an eine Rosenblüte erinnern.

HOLLÄNDER SAHNETORTE

Für die Tortenböden
300 g fertig tournierter Blätterteig (siehe »Cronuts«)
50 g rotes Johannisbeergelee
100 g pastöser Fondant (vom Konditor)
etwas weißer Rum (oder Zitronensaft)

Für die Füllung
1 kg Sauerkirschen (aus dem Glas)
90 g Kristallzucker
10 g feine Speisestärke
1 Prise gemahlener Zimt
500 g flüssige Sahne
1 Päckchen Sahnesteif

Zum Dekorieren
150 g geschlagene Sahne
16 kandierte Kirschen

Tortenböden

Den fertig tournierten Blätterteig in 3 gleiche Stücke teilen. Je 1 Stück zu einem Kreis von 30 cm Durchmesser ausrollen, auf ein mit Backpapier bedecktes Backblech legen und mit einer Gabel mehrmals einstechen. Den Boden 15 Minuten ruhen lassen.
Das Backblech anschließend in den auf 200°C (Ober-/Unterhitze) bzw. 180°C (Umluft) vorgeheizten Backofen schieben und den Blätterteigboden etwa 10–12 Minuten goldbraun backen. Den gebackenen Blätterteigboden aus dem Ofen nehmen und abkühlen lassen. Auf diese Weise nacheinander die restlichen 2 Blätterteigböden backen.
Das Johannisbeergelee in einem kleinen Topf erhitzen. Den schönsten der 3 Blätterteigböden mit dem heißen Gelee bestreichen.
Den Fondant mit etwas Rum in einem kleinen Topf vorsichtig erwärmen, bis er streichfähig ist. Den Fondant rasch auf dem mit Gelee bestrichenen Boden verteilen und glatt streichen. Den Fondant trocknen lassen.
Den so glasierten Blätterteigboden mit einem scharfen Messer in 16 Tortenstücke schneiden und beiseitestellen.

Füllung

Die Kirschen in ein Sieb geben und abtropfen lassen. Den Kirschsaft auffangen und mit 50 g Zucker in einen kleinen Topf geben. Den Kirschsaft unter Rühren aufkochen. Die mit etwas kaltem Wasser angerührte Speisestärke in den heißen Kirschsaft rühren und erneut einmal aufkochen, dann mit Zimt abschmecken. Den Topf vom Herd nehmen, die Kirschen unter den angedickten Kirschsaft rühren und das Kirschkompott erkalten lassen.
Die Sahne mit dem restlichen Zucker (40 g) und dem Sahnesteif steif schlagen.
Den zweiten Blätterteigboden in eine Springform (28 cm Durchmesser) oder in einen Tortenring legen. Das abgekühlte Kirschkompott darauf verteilen und glatt streichen. Die Hälfte der Schlagsahne darübergeben, glatt streichen und mit dem dritten Boden belegen. Die restliche Schlagsahne darübergeben und glatt streichen.
Die Springform mindestens 3 Stunden in den Kühlschrank stellen.

Torte fertigstellen

Nach der Kühlzeit die Torte aus der Springform lösen und den Tortenrand mit etwas geschlagener Sahne glatt streichen. Die 16 mit Fondant glasierten Stücke auf die Torte legen. Jedes Tortenstück mit 1 Sahnerosette verzieren und mit 1 kandierten Kirsche belegen.

CRONUTS MIT MARSHMALLOWS UND KIRSCHEN

Ergibt 10–12 Cronuts

Für den Blätterteig
600 g Weizenmehl Type 550
250 g kaltes Wasser
1 Prise Salz
550 g kalte Butter

Zum Ausbacken
1,5 l Sonnenblumenöl

Für die Füllung
300 g frische Süßkirschen
400 g Marshmallow-Creme (»Fluff«)

Zum Dekorieren
100 g pastöser Fondant (vom Konditor)
50 g kandierte Kirschen oder entsteinte, frische Süßkirschen

Blätterteig

500 g Mehl in eine Schüssel sieben. In die Oberfläche eine Mulde formen. Das Wasser und das Salz in die Mulde geben. Das Gemisch mit den Händen rasch zu einem glatten, glänzenden Teig verkneten. Den Teig in Frischhaltefolie wickeln und etwa 15 Minuten ruhen lassen.
Das restliche Mehl (100 g) in eine Schüssel sieben. Die kalte Butter in Würfel schneiden und dazugeben und alles mit den Händen zu einem Teig kneten. Den Butterteig mit den Händen leicht platt drücken und zu einem Quadrat (ca. 2–3 cm dick) formen. Diese Butterplatte 30 Minuten in den Kühlschrank legen.
Den Teig nach der Ruhezeit auf einer bemehlten Arbeitsplatte zu einem Rechteck von 30 x 60 cm ausrollen.
Die gekühlte Butterplatte zwischen 2 Lagen Backpapier auf 20 x 25 cm ausrollen. Diese Butterplatte auf die linke Seite des ausgerollten Teigs legen, dabei einen kleinen Rand frei lassen. Den Rand um die Butterplatte (ca. 2 cm) dünn mit etwas Wasser bestreichen. Anschließend die unbedeckte freie Hälfte der Teigplatte über die Butterplatte klappen.
Das so entstandene Teigrechteck ohne Druck auf eine Größe von 60 x 30 cm ausrollen. Dabei unbedingt darauf achten, dass die Butterfüllung nicht austritt.

Ein etwa 20 cm breites Stück der gefüllten Teigplatte in die Mitte klappen und von der anderen Seite ebenfalls ein 20 cm breites Stück darüber. Die Teigplatte ist jetzt 3-lagig gefaltet. Dieses Päckchen in Frischhaltefolie wickeln und 30 Minuten im Kühlschrank ruhen lassen.
Das Teigpäckchen nach der Kühlzeit erneut auf eine Größe von 60 x 30 cm ausrollen.
Den linken Teigrand ca. 15 cm in die Mitte klappen, ebenso den rechten Teigrand ca. 15 cm in die Mitte klappen. Dann nochmals in der Mitte zusammenfalten, sodass eine Teigplatte von ca. 15 x 30 cm entsteht. Die Teigplatte ist jetzt 4-lagig gefaltet.
Die Teigplatte in Frischhaltefolie wickeln und wieder 30 Minuten im Kühlschrank ruhen lassen. Das Teigpäckchen nach der Kühlzeit erneut auf eine Größe von 60 x 30 cm ausrollen.
Ein etwa 20 cm breites Stück der Teigplatte in die Mitte klappen und von der anderen Seite ebenfalls ein 20 cm breites Stück darüber. Die Teigplatte in Frischhaltefolie wickeln und wieder mindestens 30 Minuten im Kühlschrank ruhen lassen.

Mein Tipp

Der Blätterteig ist jetzt fertig »tourniert« und kann weiterverarbeitet oder eingefroren werden. Für die spätere Verwendung den gefrorenen Blätterteig langsam im Kühlschrank auftauen lassen.

Ausbacken

Das Teigpäckchen nach der Kühlzeit bzw. Auftauzeit auf eine Dicke von 1,5 cm ausrollen.

Mit einem Croring-Ausstecher (8 cm Außen-Durchmesser, 2 cm Innen-Durchmesser) 10–12 Cronuts aus dem Teig stechen.
Das Sonnenblumenöl in einem hohen Topf auf 180°C erhitzen. (Wenn sich am Stiel eines in das Öl getauchten Holzkochlöffels Blasen bilden, hat es die richtige Temperatur.)
Die Cronuts portionsweise in das heiße Öl geben und auf jeder Seite 2–3 Minuten goldbraun ausbacken.
Die ausgebackenen Cronuts mit einem Schaumlöffel aus dem Fett heben und auf Küchenkrepp abtropfen lassen.

Cronuts füllen und fertigstellen

Die Kirschen waschen, trocknen, entsteinen und halbieren.
Die abgekühlten Cronuts mit einem scharfen Messer jeweils waagrecht halbieren. Die unteren Hälften mit der Marshmallow-Creme bestreichen. Die halbierten Kirschen darauf verteilen. Die bestrichenen Cronuts zusammensetzen und die Deckel leicht andrücken.
Den Fondant in einem kleinen Topf vorsichtig erwärmen, bis er zähflüssig ist. Den Fondant über die Cronuts geben.
Die kandierten Kirschen halbieren und die fertigen Cronuts damit verzieren.

Mein Tipp

Beim Ausstechen der Cronuts bleiben natürlich Teigreste übrig, diese bitte nicht zusammenkneten, auswellen und erneut Cronuts ausstechen – der Blätterteig würde nicht mehr aufgehen. Damit nichts weggeworfen werden muss, einfach die Teigreste nach Belieben in Stücke schneiden, frittieren und mit Puderzucker übersieben.
Sonst mag ich das nicht, aber zum Füllen von Cronuts darf man auch mal fertige Füllungen aus den USA verwenden, wie eben die Marshmallow-Creme, Erdnussbutter oder Toffee-Creme.

HERRENTORTE

Für den Teig

140 g Weizenmehl Type 405
110 g feine Speisestärke
9 Eier (Größe M), getrennt
250 g feiner Kristallzucker
250 g weiche Butter
1 Vanilleschote
1 Prise Salz

Für die Weincreme

1 Packung Vanillepuddingpulver
2 Eigelb (Größe M)
500 ml trockener Weißwein
110 g feiner Kristallzucker
1 leere Vanilleschote (siehe Teig)
220 g weiche Marzipanrohmasse (erhältlich beim Konditor)
40 ml Weinbrand

Für die Glasur

50 g Aprikosenkonfitüre
1 fertige Marzipandecke (300 g, aus dem Backzutatenregal)
250 g Zartbitterkuvertüre (80 % Kakaogehalt)

Teig

7–8 Kreise aus Backpapier mit einem Durchmesser von 26 cm vorbereiten.
Das Mehl mit der Speisestärke in eine Schüssel sieben.
Die Eiweiße in eine Rührschüssel geben und in der Küchenmaschine (Rührbesen) oder mit dem Handrührgerät (Rührbesen) zu steifem Schnee schlagen. Dabei 150 g Zucker hineinrieseln lassen und weiterschlagen, bis sich der Zucker aufgelöst hat und ein steifer, glänzender Eischnee entstanden ist.
Die Butter mit dem restlichen Zucker (100 g) in eine zweite Rührschüssel geben und in der Küchenmaschine (Rührbesen) oder mit dem Handrührgerät (Rührbesen) schaumig schlagen. Das Vanillemark auskratzen, die aufgeschlitzte Vanilleschote für die Zubereitung der Weincreme beiseitelegen. Das Vanillemark, das Salz und die Eigelbe zugeben und schaumig schlagen.
Erst den Eischnee, dann das mit der Speisestärke versiebte Mehl unter den Teig ziehen.
Den Boden einer Springform (26 cm Durchmesser) mit einem vorbereiteten Backpapierkreis auslegen.
Den Teig in 7–8 gleiche Portionen teilen. Die erste Teigportion auf den Boden der Springform streichen (den Springformrand nicht verwenden) und im auf 210°C (Ober-/Unterhitze) vorgeheizten Backofen etwa 5–6 Minuten hell ausbacken. (Den Boden beim Backen beobachten, damit er nicht zu dunkel wird.) Den fertigen Boden sofort mit dem Backpapier vom Springformboden ziehen und auf ein Kuchengitter legen.
Den heißen Springformboden unter fließendem kalten Wasser abkühlen und abtrocknen.
Auf dieselbe Weise 7–8 Tortenböden ausbacken.
Das Backpapier nach dem Auskühlen von den gebackenen Tortenböden abziehen.

Weincreme

Das Puddingpulver mit den Eigelben und etwas Wein glatt rühren.
Den restlichen Wein mit dem Zucker und der aufgeschlitzten Vanilleschote in einen Topf geben und aufkochen. Sobald er zu kochen beginnt, die Vanilleschote entfernen, das angerührte Puddingpulver hineinrühren und erneut unter stetigem Rühren aufkochen. Den Pudding in eine Schüssel gießen.
Die klein geschnittene Marzipanrohmasse mit dem Weinbrand in eine Schüssel geben und mit dem Handrührgerät (Rührbesen) geschmeidig rühren. Dieses Gemisch in den heißen Pudding rühren. Dabei aufpassen, dass sich keine Klumpen bilden. Die Creme durch ein Sieb streichen und lauwarm abkühlen lassen, dabei öfters umrühren.

Zusammensetzen der Torte

Den ersten Tortenboden in einen Tortenring (26 cm Durchmesser) legen und mit ca. 1/7 der Weincreme bestreichen (bei 8 Böden – bei 7 Böden pro Boden 1/6 der Creme verwenden).
Den zweiten Tortenboden daraufsetzen und erneut mit 1/7 der Weincreme bestreichen. Diesen Vorgang wiederholen, bis die Torte zusammengesetzt ist. Auf den letzten Boden keine Weincreme streichen. Die so gefüllte Torte 1 Tag (am besten über Nacht) in den Kühlschrank stellen.

Fertigstellen

Die Torte aus dem Kühlschrank nehmen und den Tortenring abziehen. Den obersten Boden dünn mit Aprikosenkonfitüre bestreichen.
Die Torte komplett mit dem Marzipandeckel bedecken und diesen glätten. Das überstehende Marzipan rundherum abschneiden. Die Torte auf ein Kuchengitter setzen.
Die Kuvertüre in kleine Stücke hacken, in eine Metallschüssel geben und über einem warmen Wasserbad behutsam schmelzen.
Die Torte mit der flüssigen Kuvertüre überziehen (siehe »Mein Tipp«).

Mein Tipp

Zum Überziehen die gesamte flüssige Kuvertüre zügig auf den Deckel gießen. Dann das Gitter leicht auf die Arbeitsplatte klopfen, damit die Kuvertüre gleichmäßig an den Seiten herabläuft. Falls noch zu viel Kuvertüre auf dem Deckel ist, diese mit einer Palette abstreichen. Das muss alles sehr rasch gehen, denn die Kuvertüre darf nicht anziehen.

MILLEFEUILLE

Für die Schokoladenplättchen
300 g Zartbitterkuvertüre
(70 % Kakaogehalt)

Für die Füllung
150 g weiße Kuvertüre
25 g trockener Weißwein
25 g flüssige Sahne
10 g Vanillezucker

Schokoladenplättchen

Die Zartbitterkuvertüre in kleine Stücke hacken, in eine Metallschüssel geben und über einem heißen Wasserbad behutsam schmelzen, dabei gelegentlich mit einem Gummispatel rühren. Dabei darauf achten, dass keine Wassertropfen oder Wasserdampf an die Kuvertüre gelangt.

Die geschmolzene Kuvertüre mit einem digitalen Küchenthermometer überwachen, sie darf maximal eine Temperatur von 40–45°C erreichen.

$\frac{1}{3}$ der flüssigen Kuvertüre mittig auf eine kalte Marmorplatte gießen. Dabei mit einem Spachtel und einer Palette die Schokolade stetig von außen nach innen streichen. Die fester werdende Kuvertüre immer wieder mit dem Spachtel von der Palette abstreifen. (Diesen Vorgang nennt man Tablieren.)

Sobald die Kuvertüre anzuziehen beginnt, sie rasch unter die restliche flüssige Kuvertüre rühren.

Die nun sinkende Temperatur der Kuvertüre mit einem digitalen Küchenthermometer überwachen, dann erneut $\frac{1}{3}$ der Kuvertüre auf die kalte Marmorplatte gießen, tablieren und unter die restliche Kuvertüre rühren.

Die Kuvertüre schrittweise so lange tablieren, bis sie 28°C erreicht hat.

Sobald das der Fall ist, die Zartbitterkuvertüre im Wasserbad erneut auf 32°C erwärmen.

Die flüssige Zartbitterkuvertüre 1 mm dünn auf eine Silikonmatte streichen und kurz vor dem Erstarren mit einem scharfen Messer in ca. 3 x 3 cm große Quadrate schneiden. Die Schokoladenplättchen vollständig aushärten lassen.

Füllung

Die weiße Kuvertüre in kleine Stücke hacken und in eine Schüssel geben.

Den Wein mit der Sahne und dem Vanillezucker in einen kleinen Topf geben und vorsichtig erwärmen. Die weiße Kuvertüre unter Rühren in der heißen Flüssigkeit auflösen und das Gemisch glatt rühren. Die weiße Schokoladencreme etwas abkühlen lassen, dann in einen Spritzbeutel mit Lochtülle füllen.

Zusammensetzen

Auf das erste Schokoladenquadrat einen kleinen Tupfen der weißen Schokoladencreme spritzen. Darauf ein weiteres Schokoladenquadrat setzen und ebenfalls einen Tupfen weißer Schokoladencreme daraufspritzen. Auf diese Weise 5 Schokoladenquadrate zusammensetzen. Das oberste Quadrat nicht mit einem Cremetupfen versehen.

Die restliche weiße Schokoladencreme in eine Schüssel geben und über einem heißen Wasserbad erneut erwärmen. Die flüssige Schokoladencreme in ein kleines Spritztütchen aus Pergamentpapier füllen und fest verschließen. Eine kleine Ecke des Spritztütchens abschneiden und die Creme in einem feinen Muster auf das Schokoladentürmchen spritzen.

Mein Tipp

Beim Arbeiten mit den hauchdünnen Schokoladenplättchen am besten Baumwollhandschuhe (aus der Apotheke) anziehen. Die Schokolade schmilzt bei der Berührung schnell, und es gibt sonst unansehnliche Fingerabdrücke auf der Schokolade.

PUNSCHTORTE

Für den Biskuit

100 g Weizenmehl Type 405
100 g feine Speisestärke
6 g Backpulver
1 Bio-Orange
3 Eier (Größe M)
1 Prise Salz
30 g trockener Weißwein
140 g Kristallzucker
Mark von 1 Vanilleschote

Für die Füllung

1 Bio-Orange
60 g trockener Weißwein
40 g Weinbrand
40 g Wasser
200 g Aprikosenkonfitüre

Für das Dekor

120 g Aprikosenkonfitüre
1 Marzipandecke (fertig beim Konditor erhältlich)
200 g weiße Fondantpaste (vom Konditor)
etwas brauner Rum
80 g Zartbitterkuvertüre (ca. 70 % Kakaogehalt)
150 g gehobelte, geröstete Mandelkerne

Biskuit

Das Mehl mit der Speisestärke und dem Backpulver in eine Schüssel sieben.

Die Orange heiß abwaschen und trocknen. Die Hälfte der Orangenschale fein abreiben. Den Saft auspressen und für die Füllung beiseitestellen.

Die Eier trennen. Die Eiweiße mit dem Salz in eine Rührschüssel geben und zu steifem Schnee schlagen. Die Eigelbe mit dem Weißwein, dem Zucker, dem ausgekratzten Vanillemark und dem Orangenabrieb in eine Schüssel geben und mit dem Handrührgerät (Rührbesen) schaumig schlagen.

Den Eischnee vorsichtig unter die schaumige Eigelbmischung ziehen. Anschließend die versiebte Mehlmischung unterheben.

Den Teig in eine gefettete und bemehlte Springform (22 cm Durchmesser) füllen und die Oberfläche glatt streichen.

Die Form in den auf 180°C (Ober-/Unterhitze) bzw. 160°C (Umluft) vorgeheizten Backofen schieben und den Teig etwa 45 Minuten backen. Den fertig gebackenen Boden aus dem Ofen nehmen, abkühlen lassen und mindestens 3–4 Stunden ruhen lassen.

Den abgekühlten Boden aus der Form lösen und dreimal waagrecht durchschneiden, sodass 4 Böden entstehen.

Füllung

Den Saft der Orange auspressen und zu dem zuvor beiseitegestellten Orangensaft geben.

Den Weißwein mit dem Weinbrand, dem Wasser und dem Orangensaft vermengen.

Die Aprikosenkonfitüre glatt rühren.

Den untersten der 4 Böden mit etwas Weinbrandtränke beträufeln, dann mit etwas Aprikosenkonfitüre bestreichen. Den nächsten Boden darauflegen, leicht andrücken und diesen ebenfalls erst mit der Weinbrandtränke beträufeln, dann mit Aprikosenkonfitüre bestreichen. Auf diese Weise weitermachen, bis die Torte zusammengesetzt ist. Den obersten Boden nicht tränken, nur dünn mit Aprikosenkonfitüre bestreichen.

Dekor

Aus dem Marzipandeckel einen Kreis von 22 cm Durchmesser ausstechen und diesen auf die Torte legen. Den Marzipandeckel hauchdünn mit Konfitüre bestreichen. Den Tortenrand rundherum dünn mit Konfitüre bestreichen.

Den Fondant in einem kleinen Topf vorsichtig erwärmen, bis er zähflüssig ist. Den Fondant mit Rum abschmecken.

Die Kuvertüre in Stücke hacken, in eine Metallschüssel geben und über einem heißen Wasserbad unter Rühren schmelzen.

Die flüssige Kuvertüre in ein kleines Spritztütchen aus Pergamentpapier füllen und fest verschließen.

Den Fondant mit einer Palette gleichmäßig auf die Torte streichen.

Vom Spritztütchen die kleine Spitze abschneiden und von innen nach außen eine Spirale aus flüssiger Kuvertüre auf die Torte malen. Sofort die noch flüssige Spirale mit einem kleinen Messer zu einem Gitter ziehen. Dazu die Messerspitze beginnend von der Tortenmitte nach außen bis zum Rand durchziehen. Mit etwas Abstand nun die Messerspitze beginnend vom Tortenrand zur Tortenmitte durchziehen. Dieses Muster so fortführen, bis ein Gitter, das aussieht wie ein Spinnennetz, entstanden ist.

Den Fondant trocknen lassen, dann die Mandelblättchen mit einer kleinen Palette rundherum leicht an den mit Aprikosenkonfitüre bestrichenen Tortenrand drücken.

Die Punschtorte mindestens 1 Stunde kalt stellen.

Mein Tipp

Am besten klappt es, wenn man die Torte in einen Tortenring einsetzt und 1 Tag kalt stellt. Erst am Folgetag dekorieren: So kann man die Torte exakter vollenden.

CAKEPOPS

Ergibt ca. 35–40 Cakepops

Für den Teig
300 g Weizenmehl Type 405
4 g Backpulver
30 g Mandelkerne, fein gehackt
3 Eier
190 g Kristallzucker
fein geriebene Schale von
½ Bio-Orange
200 g Eierlikör
200 g neutrales Pflanzenöl

Für die Orangen-Ganache
360 g weiße Kuvertüre
70 g Eierlikör
50 ml frisch gepresster Orangensaft
50 g Kristallzucker
50 g flüssige Sahne

Zum Verzieren
300 g weiße Kuvertüre
bunter Dekorzucker

Teig

Das Mehl mit dem Backpulver in eine Schüssel sieben, dann die Mandeln untermischen.
Die Eier mit dem Zucker und der fein abgeriebenen Orangenschale in eine Rührschüssel geben und mit dem Handrührgerät (Rührbesen) oder in der Küchenmaschine (Rührbesen) schaumig schlagen. Den Eierlikör und das Pflanzenöl esslöffelweise abwechselnd dazugeben und einrühren. Anschließend vorsichtig das Mehl-Mandel-Gemisch unterheben.
Den Teig in eine mit Butter gefettete und mehlierte Springform (26 cm Durchmesser) geben und glatt streichen.
Die Form in den auf 180°C (Ober-/Unterhitze) bzw. 160°C (Umluft) vorgeheizten Backofen schieben und den Teig darin etwa 50 Minuten backen.
Den fertig gebackenen Kuchen aus dem Ofen nehmen und abkühlen lassen, dann in Stücke brechen und diese zwischen den Händen zu kleinen Bröseln zerreiben. Die Kuchenbrösel in eine Schüssel geben.

Orangen-Ganache

Die Kuvertüre in kleine Stücke hacken und in eine Metallschüssel geben.
Den Eierlikör mit dem Orangensaft, dem Zucker und der Sahne in einen kleinen Topf geben und unter Rühren einmal aufkochen. Die heiße Flüssigkeit dann über die Kuvertüre gießen, kurz warten und diese unter stetigem Rühren schmelzen, bis eine glatte und glänzende Orangen-Ganache entstanden ist. Dabei darauf achten, dass keine Klümpchen entstehen. Die Orangen-Ganache bei Zimmertemperatur abkühlen lassen, sie sollte streichfähig sein.

Cakepops formen

So viel Ganache über die Kuchenbrösel geben und vermengen, bis eine leicht klebrige, gut gebundene und formbare Masse entstanden ist (im Verhältnis ca. 1 : 1).
Aus dem Teig kleine Kugeln von je ca. 3 cm Durchmesser formen. Mit einem Lollipop-Stiel in jede Kugel ein kleines Loch bohren und den Stiel wieder herausziehen. Die Teigkugeln etwa 1 Stunde im Kühlschrank erkalten lassen.

Cakepops fertigstellen und verzieren

Die Kuvertüre in kleine Stücke hacken.
50 g gehackte Kuvertüre in eine Metallschüssel geben und über einem heißen Wasserbad unter Rühren schmelzen.
35–40 Cakepop- oder Lollipop-Stiele (im Internet erhältlich) nacheinander je ca. 1 cm tief in die flüssige Kuvertüre tauchen und sofort in das vorgebohrte Loch eines jeden gekühlten Cakepops stecken. Die Cakepops ca. 15 Minuten in den Kühlschrank stellen, damit die Kuvertüre erstarrt und die Stiele fixiert. Die restliche Kuvertüre über dem heißen Wasserbad unter Rühren schmelzen.
Nach der Kühlzeit die Cakepops einzeln komplett in die flüssige Kuvertüre tauchen und die Cakepops am Stiel drehen, bis sie vollständig überzogen sind.
Die überzogenen Cakepops sofort mit dem Dekorzucker bestreuen, dann mit dem Stiel in einen Styroporblock stecken und trocknen lassen. Beim Überziehen bitte zügig arbeiten, da die Kuvertüre schnell fest wird.

Meine Tipps

Wird die Kuvertüre beim Eintauchen der Cakepops zu fest, können Sie sie mit etwas Kokos- oder Palmfett oder Kakaobutter verflüssigen.
Statt Eierlikör nehme ich auch gerne Baileys oder Amarula-Likör.

TORTE NACH SACHER ART

Für den Biskuit
200 g Zartbitterkuvertüre (80 % Kakaogehalt)
1 Vanilleschote
200 g Weizenmehl Type 550
8 Eier (Größe M)
1 Prise Salz
260 g Kristallzucker
200 g weiche Butter
55 g Puderzucker

Für die Tränke
100 g Wasser
40 g Kristallzucker
etwas brauner Rum

Für die Füllung
350 g feine Marillenkonfitüre

Für den Überzug
230 g Zartbitterkuvertüre (70 % Kakaogehalt)
75 g Vollmilch (3,5 % Fettgehalt)
50 g flüssige Sahne
75 g Wasser
35 g Glukosesirup (erhältlich beim Konditor)
30 g Kristallzucker

Biskuit

Die Kuvertüre fein hacken, in eine Metallschüssel geben und über einem warmen (nicht heißen) Wasserbad schmelzen.
Die Vanilleschote längs aufschlitzen und das Mark herauskratzen.
Das Mehl in eine Schüssel sieben.
Die Eier trennen. Die Eiweiße mit dem Salz halbsteif anschlagen, dann den Zucker hineinrieseln lassen und alles zu steifem Eischnee schlagen.
Die weiche Butter mit dem Puderzucker und dem Vanillemark in eine Rührschüssel geben und mit dem Handrührgerät oder mit der Küchenmaschine (Rührbesen) schaumig schlagen. Die Eigelbe einzeln dazugeben und je ca. 30 Sekunden einrühren und weiterschlagen, bis eine schaumige Masse entstanden ist.
Anschließend erst die flüssige Kuvertüre, dann ⅓ des Eischnees unter den Teig rühren. Sobald eine gebundene Masse entstanden ist, den restlichen Eischnee mit einer Gummispatel unterheben.
Zum Schluss das Mehl portionsweise mit einem Gummispatel locker unter den Teig heben.
Den Boden einer Springform (26 cm Durchmesser) mit Backpapier auslegen und den Rand schließen.
Den Teig in die Form geben und die Oberfläche glatt streichen. Den Teig im auf 170° (Ober-/Unterhitze) vorgeheizten Backofen ca. 60 Minuten backen. Den fertigen Kuchen aus dem Ofen nehmen, abkühlen lassen und nach 5–6 Stunden aus der Form lösen.
Den erkalteten Boden zweimal waagerecht durchschneiden.

Tränke

Das Wasser mit dem Zucker in einen Topf geben und aufkochen. Den Sirup etwas abkühlen lassen und mit Rum abschmecken.

Die Torte zusammensetzen

Den untersten Tortenboden in die gesäuberte Springform legen und mit etwas Tränke beträufeln. Die Marillenkonfitüre mit einem Löffel glatt rühren. Den getränkten Boden mit 100 g Marillenkonfitüre bestreichen. Anschließend den mittleren Boden daraufsetzen, tränken und mit 100 g Marillenkonfitüre bestreichen. Den obersten Boden daraufsetzen und leicht andrücken.
Die gefüllte Torte mit Alufolie verschließen und mindestens 5 Stunden im Kühlschrank ziehen lassen. Den Springformrand lösen und die Torte auf ein Kuchengitter setzen.
Die restliche Aprikosenkonfitüre (150 g) in einem kleinen Topf aufkochen und die Tortenoberfläche und die Tortenränder damit bestreichen.

Die Torte überziehen

Die Kuvertüre fein hacken.
Die Milch mit der Sahne, dem Wasser, dem Glukosesirup und dem Zucker in einen Topf geben und aufkochen. Den Topf vom Herd nehmen.
Die Kuvertüre in die heiße Flüssigkeit geben und unter Rühren schmelzen, bis eine glatte, glänzende Glasur entstanden ist.
Die Torte mit der Glasur überziehen, dabei die Glasur auf der Tortenoberfläche gleichmäßig bis zum Rand verlaufen lassen.
Die Tortenränder mit einer kleinen Palette glatt streichen.
Anschließend die Torte mit Hilfe eines langen Messers so schnell wie möglich auf eine Tortenplatte umsetzen und in den Kühlschrank stellen.
Die Torte mindestens 1 Stunde vor dem Servieren aus dem Kühlschrank nehmen.

Mein Tipp

Die Torte schmeckt am besten, wenn man sie nach dem Füllen einen ganzen Tag ziehen lässt und erst danach überzieht. Eine gute Sachertorte muss durchziehen!

TRÜFFELN MIT MARILLEN-GANACHE

Ergibt ca. 30 Pralinen

400 g Vollmilchkuvertüre
(40 % Kakaogehalt)
100 g flüssige Sahne
10 g kalte Butter
Mark von 1 Vanilleschote
30 g Marillenlikör (Aprikosenlikör)
30 Stück Trüffelhohlkugeln
essbares Blattgold zum Verzieren

200 g Kuvertüre sehr klein hacken und in eine Metallschüssel geben.
Die Sahne in einem kleinen Topf aufkochen. Die heiße Sahne über die gehackte Kuvertüre in der Metallschüssel gießen, mit einem Gummispatel von innen nach außen verrühren, bis sich die Kuvertüre aufgelöst hat. Die kalte Butter klein würfeln und hinzufügen. So lange rühren, bis eine glatte, glänzende Schokoladenganache entstanden ist.
Die Schokoladenganache mit dem Vanillemark und dem Marillenlikör aromatisieren, dann in einen Spritzbeutel mit glatter Tülle füllen.
Die Schokoladenganache in die Trüffelhohlkugeln spritzen.
30 g Kuvertüre klein hacken, in eine kleine Metallschüssel geben und über einem heißen Wasserbad schmelzen. Die flüssige Kuvertüre in eine kleine Spritztüte aus Pergamentpapier füllen und die Löcher der Hohlkörper damit verschließen. Die Trüffeln etwa 15 Minuten in den Kühlschrank stellen.
Die restliche Kuvertüre (170 g) ebenfalls klein hacken, in eine kleine Metallschüssel geben und über einem heißen Wasserbad schmelzen. Dabei unbedingt darauf achten, dass die Kuvertüre nicht über 30°C erwärmt wird.
Die Trüffeln anschließend einzeln mit Hilfe einer Pralinengabel in die flüssige Kuvertüre tauchen, auf ein Kuchengitter legen und mit einer Gabel über das Gitter rollen – so entsteht das typische Zackenmuster.
Sobald die Kuvertüre erstarrt ist, die Pralinen mit etwas essbarem Blattgold verzieren.

Mein Tipp

Wer alkoholfreie Pralinen machen möchte, der kann statt des Likörs pürierte Aprikosen in die Ganache rühren. Die Pralinen sollten dann allerdings innerhalb von 2 Tagen verzehrt werden.

SCHWARZWÄLDER KIRSCHTORTE

Für den Teig
50 g Weizenmehl Type 405
50 g feine Speisestärke
35 g Kakaopulver
6 g Backpulver
70 g gemahlene Mandelkerne
100 g weiche Butter
140 g feiner Kristallzucker
20 g Vanillezucker
4 Eier

Für die Füllung
70 g Kirschwasser
3 Blatt weiße Gelatine
500 g flüssige Sahne
1 EL feiner Kristallzucker
1 großes Glas Sauerkirschen
(750 ml, Abtropfgewicht ca. 350 g)

Für das Dekor
300 g flüssige Sahne
1 Päckchen Sahnesteif
20 g Schokospäne

Teig

Das Mehl mit der Speisestärke, dem Kakaopulver und dem Backpulver in eine Schüssel sieben. Die gemahlenen Mandeln untermischen.
Die weiche Butter mit dem Zucker und dem Vanillezucker in eine Schüssel geben und mit dem Handrührgerät (Rührbesen) schaumig schlagen. Die Eier einzeln dazugeben und je ca. 30 Sekunden einrühren. Anschließend die Mehlmischung hinzufügen und rühren, bis ein gebundener Teig entstanden ist.
Den Teig in eine gefettete und bemehlte Springform (26 cm Durchmesser) geben und die Oberfläche glatt streichen. Die Springform in den auf 180°C (Ober-/Unterhitze) bzw. 160°C (Umluft) vorgeheizten Backofen schieben und den Teig etwa 30 Minuten backen.
Den fertigen Boden aus dem Ofen nehmen und in der Form bei Zimmertemperatur mindestens 9 Stunden ruhen lassen.

Torte füllen

Den Boden nach der Ruhezeit zweimal waagrecht durchschneiden. Den unteren der 3 Böden in einen Tortenring (26 cm Durchmesser) legen und leicht mit etwas Kirschwasser tränken.
Die Gelatine 5 Minuten in kaltem Wasser einweichen.
Die Sahne in eine hohe Rührschüssel geben und steif schlagen, dabei während des Schlagens den Zucker einrieseln lassen.
Die eingeweichte Gelatine ausdrücken, in einen kleinen Topf geben und vorsichtig erhitzen. Die Gelatine unter Rühren auflösen. Etwas Sahne in die aufgelöste Gelatine rühren. Die so angerührte Gelatine zügig in die restliche geschlagene Sahne rühren.
Die Kirschen in ein Sieb geben und abtropfen lassen. Die abgetropften Kirschen auf dem mit Kirschwasser getränkten Boden verteilen. Dabei 16 Kirschen für das Dekor beiseitelegen.
Die Hälfte der Sahne auf den so vorbereiteten Boden geben und glatt streichen.
Den zweiten Boden darauflegen und leicht mit Kirschwasser tränken. Die restliche Sahne daraufgeben und glatt streichen.
Den letzten Boden darauflegen und ebenfalls leicht mit Kirschwasser tränken.
Den Tortenring 6 Stunden in den Kühlschrank stellen.

Dekor

Die Sahne in eine hohe Rührschüssel geben und steif schlagen, dabei während des Schlagens den Zucker und das Sahnesteif zugeben.
Den Ring nach oben von der Torte ziehen und die Torte rundherum mit Sahne bestreichen. Etwas Sahne zurückbehalten und in einen Spritzbeutel mit Sterntülle füllen.
Die Torte mit der Sahne ausgarnieren, dann mit den 16 beiseitegelegten Kirschen und den Schokospänen verzieren.

Mein Tipp

Wenn sie Saison haben, bereite ich meine Schwarzwälder Kirschtorte immer mit frischen Kirschen zu – sie sind einfach viel aromatischer als Kirschen aus dem Glas.

CHOCOLAT EN BLOC

Zutaten
300 g Zartbitterkuvertüre (60–70 % Kakaogehalt)
300 g weiße Kuvertüre
40 g gefriergetrocknete Kirschen (im Internet erhältlich)

Die Zartbitterkuvertüre und die weiße Kuvertüre in kleine Stücke hacken.
Die Zartbitterkuvertüre in eine Metallschüssel geben und über einem heißen Wasserbad behutsam schmelzen, dabei gelegentlich mit einem Gummispatel rühren. Dabei darauf achten, dass keine Wassertropfen oder Wasserdampf an die Kuvertüre gelangt.
Die geschmolzene Kuvertüre mit einem digitalen Küchenthermometer überwachen, sie darf maximal eine Temperatur von 40–45°C erreichen.
⅓ der flüssigen Kuvertüre mittig auf eine kalte Marmorplatte gießen. Dabei mit einem Spachtel und einer Palette die Schokolade stetig von außen nach innen streichen. Die fester werdende Kuvertüre immer wieder mit dem Spachtel von der Palette abstreifen. (Diesen Vorgang nennt man Tablieren.) Sobald die Kuvertüre anzuziehen beginnt, sie rasch unter die restliche flüssige Kuvertüre rühren.
Die nun sinkende Temperatur der Kuvertüre mit einem digitalen Küchenthermometer überwachen, dann erneut ⅓ der Kuvertüre auf die kalte Marmorplatte gießen, tablieren und unter die restliche Kuvertüre rühren.
Die Kuvertüre schrittweise so lange tablieren, bis sie 28°C erreicht hat.
Sobald das der Fall ist, die Zartbitterkuvertüre im Wasserbad erneut auf 32°C erwärmen.
Die weiße Kuvertüre auf die beschriebene Weise ebenso tablieren, allerdings zum Schluss nur auf 30°C erwärmen. Wichtig ist, die Arbeitsschritte beider Kuvertüren zeitlich so zu verbinden, dass vor dem Gießvorgang beide Kuvertüren gleichzeitig optimal tabliert sind.
Die flüssige Zartbitterkuvertüre mittig auf eine Silikonmatte gießen und mit einer Palette leicht verstreichen. Die flüssige weiße Kuvertüre sofort daraufgießen und leicht verstreichen, sodass eine Marmorierung entsteht. Die Silikonmatte an den kurzen Enden etwas anheben und leicht klopfen – so wird die marmorierte Kuvertüre dünner und glatter.
Die Schokolade mit den gefriergetrockneten Kirschen bestreuen und erstarren lassen.
Nach dem Erkalten die marmorierte Schokoladenplatte mit den Händen in grobe Stücke brechen.

Mein Tipp

Arbeiten Sie zügig, sonst verbinden sich die weiße und dunkle Kuvertüre nicht richtig.

LINZER TORTE

Zutaten

155 g Weizenmehl Typ 405
3 g Backpulver
100 g gemahlene Mandelkerne (nicht blanchiert)
155 g kalte Butter
150 g Puderzucker
1 Msp. Zimtpulver
1 Msp. gemahlene Gewürznelken
1 Prise gemahlene Muskatnuss
1 Prise Salz
1 Eigelb (Größe M)
300 g rote Johannisbeerkonfitüre
1 Eigelb zum Bestreichen
10 g Vollmilch (3,5 % Fettgehalt)

Das Mehl mit dem Backpulver in eine Schüssel sieben. Die gemahlenen Mandeln locker untermengen.
Die kalte Butter in Würfel schneiden. Die kalten Butterwürfel, den Puderzucker, den Zimt, das Nelkenpulver, den Muskat, das Salz und das Eigelb zu der Mehl-Mandel-Mischung geben und alles mit dem Handrührgerät (Knethaken) oder mit den Händen rasch zu einem glatten Teig verkneten. Diesen Mürbeteig in Frischhaltefolie wickeln und 1 Stunde in den Kühlschrank legen.
Eine Tarteform (24 cm Durchmesser) mit etwas Butter fetten und leicht bemehlen. ²⁄₃ des Mürbeteigs auf einer bemehlten Arbeitsfläche zu einem 1 cm dicken Kreis ausrollen. Den Teigkreis in die vorbereitete Tarteform legen und leicht andrücken. Die überstehenden Teigränder am oberen Rand abschneiden. Den Boden mit einer Gabel mehrmals einstechen, dann mit der Johannisbeerkonfitüre bestreichen. Den übrigen Mürbeteig auf einer bemehlten Arbeitsfläche rasch zu einem 2–3 mm dünnen Rechteck ausrollen.

Das Eigelb mit der Milch verquirlen. Das Teigrechteck damit bestreichen. Den Teig dann mit einem gezackten Teigrad in ca. 1 cm breite Streifen schneiden. Diese Streifen gitterförmig auf den bestrichenen Boden legen.
Die Linzer Torte in den auf 180°C (Ober-/Unterhitze) vorgeheizten Backofen schieben und etwa 40 Minuten goldbraun backen.

Meine Tipps

Die Linzer Torte muss durchziehen, um ihr Aroma zu entwickeln. Am besten schmeckt sie 2–3 Tage nach der Zubereitung. Keine Sorge, sie ist sehr lange haltbar.
Statt zum Verzieren ein Gitter aus dem Teig zu schneiden, kann man auch mit einem Ausstecher Formen (Herz, Kleeblatt …) ausstechen.

JOHANNISBEER-ROSEN-PETITS-FOURS

Für das Gelee

400 g frische Johannisbeeren
3 EL getrocknete Rosenblüten (aus dem Gewürzladen oder der Apotheke)
Saft von 1 Limette
125 g Gelierzucker 3 : 1

Für den Biskuit

80 g Weizenmehl Type 405
20 g feine Speisestärke
20 g Mandelkerne, gemahlen
4 Eier (Größe M)
50 g feiner Kristallzucker

Zum Verzieren

100 g angewirktes Marzipan 2 : 1 (vom Konditor, siehe »Meine Tipps«)
etwas Puderzucker zum Ausrollen
300 g weiße Fondantpaste (vom Konditor)
50–80 ml Wasser
etwas rote flüssige Lebensmittelfarbe

Gelee

Die Johannisbeeren waschen und auf Küchenkrepp gut abtropfen lassen, dann mit einer Gabel von den Stielen lösen oder mit den Fingern abzupfen. Die Johannisbeeren in einen kleinen Topf geben.

Die Rosenblüten darüberbröseln. Den Limettensaft und 100 ml Wasser darübergießen. Das Gemisch vorsichtig erhitzen und im offenen Topf unter Rühren 6–8 Minuten köcheln lassen. Den Topf mit einem Deckel verschließen, den Inhalt abkühlen lassen und über Nacht in den Kühlschrank stellen.

Den Topfinhalt am nächsten Tag durch ein feines Sieb in einen zweiten Topf streichen. Den Gelierzucker hineinrühren, das Püree aufkochen und unter stetigem Rühren 5 Minuten sprudelnd kochen lassen. Das Püree in ein Glas füllen, abkühlen lassen und zum Gelieren in den Kühlschrank stellen.

Biskuit

Das Mehl mit der Speisestärke in eine Schüssel sieben.

Die gemahlenen Mandeln locker untermengen.

Die Eier mit dem Zucker in eine Rührschüssel geben und mit dem Handrührgerät (Rührbesen) oder in der Küchenmaschine (Rührbesen) schaumig schlagen, bis eine weißliche schaumige Eiercreme entstanden ist. Dann die Mehl-Mandel-Mischung unterheben.

Den Teig gleichmäßig auf ein mit Backpapier bedecktes Backblech (30 x 40 cm) streichen. Das Backblech in den auf 180°C (Ober-/Unterhitze) bzw. 160°C (Umluft) vorgeheizten Backofen schieben und den Biskuit etwa 15 Minuten backen.

Den fertig gebackenen Biskuit auf ein großes, sauberes Geschirrtuch stürzen. Das Backpapier vorsichtig abziehen. Den Biskuit abkühlen lassen.

Fertigstellen

2 EL Johannisbeergelee beiseitestellen. Das restliche Johannisbeergelee auf dem erkalteten Biskuit verteilen und glatt streichen. Den bestrichenen Biskuit längs und quer halbieren, sodass 4 gleich große Rechtecke entstehen.

Die 4 bestrichenen Biskuitstücke mit der Konfitüreseite nach oben aufeinanderstapeln, dann die Oberfläche mit dem restlichen Johannisbeergelee bestreichen.

Das Marzipan auf einer mit Puderzucker bestäubten Arbeitsfläche dünn ausrollen. Die Oberfläche des Kuchens damit bedecken und die Ränder abschneiden. (Die Marzipandecke soll nur die Oberfläche bedecken.) Den Kuchenstapel 1 Stunde in den Kühlschrank stellen.

Die gekühlten Kuchen mit einem scharfen Messer in Würfel von 4 cm Kantenlänge schneiden.

Die Fondantpaste in einen Topf geben und mit etwas Wasser unter Rühren leicht erwärmen und zu einer zähflüssigen Glasur verflüssigen.

Die Biskuitwürfel nacheinander mit Hilfe einer Pralinengabel mit der Marzipanseite nach unten komplett in den flüssigen Fondant tauchen, dann zum Trocknen mit der Marzipanseite nach oben auf ein Kuchengitter setzen. Wichtig: Die Petits Fours müssen komplett mit Fondant überzogen sein.

Den restlichen Fondant mit etwas roter Lebensmittelpaste gut verrühren und einfärben.

Den gefärbten Guss in ein kleines Spritztütchen aus Pergamentpapier füllen und fest verschließen. Eine kleine Ecke des Spritztütchens abschneiden und in dünner Linie ein Muster auf die Petits Fours zeichnen.

Meine Tipps

Für ein intensives Rosenaroma kann man 1 TL Rosenwasser (erhältlich in der Apotheke) unter das heiße Johannisbeergelee rühren.

Für die Marzipanplatte benötigt man ein geschmeidiges Marzipan, das sich gut ausrollen lässt und nicht bricht. Dabei wird die Marzipanrohmasse mit Puderzucker verknetet, meist 2 Teile Marzipanrohmasse und 1 Teil Puderzucker. Diesen Vorgang nennt man »anwirken«. Angewirktes Marzipan von guter Qualität kann man beim Konditor kaufen.

3
2

FRANKFURTER KRANZ

Für den Rührteig

155 g Weizenmehl Type 405
45 g feine Speisestärke
6 g Backpulver
1 Vanilleschote
100 g weiche Butter
125 g feiner Kristallzucker
Abrieb von ½ Bio-Zitrone
1 Prise Salz
3 Eier (Größe M)

Für die Buttercreme

1 Packung Vanillepuddingpulver
100 g Kristallzucker
500 ml Vollmilch (Fettgehalt 3,5 %)
450 g zimmerwarme Butter

Zum Bestreichen

50 g Johannisbeerkonfitüre
16 kandierte Kirschen

Zum Garnieren

250 g Haselnusskrokant

Rührteig

Das Mehl mit der Speisestärke und dem Backpulver in eine Schüssel sieben.
Die Vanilleschote längs aufschlitzen und das Mark herauskratzen.
Die Butter in einer Rührschüssel mit dem Handrührgerät (Rührbesen) schaumig schlagen. Den Zucker unter stetigem Rühren in die Butter rieseln lassen, anschließend das Vanillemark, den Zitronenabrieb und das Salz hineinrühren.
Die Eier einzeln dazugeben und je ca. 30 Sekunden einrühren, bis ein gebundener Teig entstanden ist.
Zum Schluss das mit der Stärke und dem Backpulver versiebte Mehl kurz in den Teig rühren. Nur so lange rühren, bis ein glatter Teig entstanden ist.
Den Teig gleichmäßig in eine gefettete und bemehlte Kranzform (22 cm Durchmesser) füllen und die Oberfläche glatt streichen.
Die Kranzform in den auf 180°C (Ober-/Unterhitze) bzw. 160°C (Umluft) vorgeheizten Backofen schieben und den Kuchen etwa 40 Minuten backen. Die Form nach dem Backen aus dem Ofen nehmen. Den Kuchen vor dem Stürzen auf einem Kuchengitter vollständig abkühlen lassen.

Buttercreme

Aus dem Puddingpulver, dem Zucker und der Milch nach Packungsanweisung einen Vanillepudding zubereiten. Die Oberfläche des fertigen heißen Puddings mit Frischhaltefolie bedecken, damit sich keine Haut bildet. Den Pudding abkühlen lassen.
Die Butter in eine Rührschüssel geben und mit dem Handrührgerät (Rührbesen) schlagen, bis sie schneeweiß ist.
Den abgekühlten Pudding (er muss Zimmertemperatur haben) glatt rühren, dann esslöffelweise und unter stetigem Rühren in die schaumige Butter rühren, bis eine gebundene Creme entstanden ist. (Wichtig: Die Butter und der Pudding müssen Zimmertemperatur haben! Ist der Pudding noch warm, schmilzt die Butter. Ist die Butter zu kalt, gerinnt die Creme.) Die fertige Creme nochmals gründlich aufschlagen.

Fertigstellen

Den Kuchen zweimal waagrecht durchschneiden.
Die Johannisbeerkonfitüre glatt rühren und gleichmäßig auf den unteren Boden streichen. Auf den so bestrichenen Boden etwa 1/3 der Buttercreme geben und glatt streichen. Den mittleren Boden darauflegen und diesen mit etwa
1/3 der Buttercreme bestreichen. Den oberen Boden darauflegen und leicht andrücken. Die restliche Buttercreme kühl stellen, jedoch nicht in den Kühlschrank stellen. Den so vorbereiteten Kranz 1 Stunde in den Kühlschrank stellen – so ist er stabiler zum Fertigstellen.
Den kalten Frankfurter Kranz rundherum mit der restlichen Buttercreme bestreichen, dabei etwas zum Aufspritzen in einen Spritzbeutel mit Sterntülle füllen.
Den Krokant auf der gesamten Oberfläche und den Seiten verteilen.
Die restliche Buttercreme in 16 Rosetten auf den Kranz spritzen. Auf jede Rosette eine kandierte Kirsche setzen.
Den Frankfurter Kranz vor dem Servieren mindestens 3 Stunden im Kühlschrank erkalten lassen.

Mein Tipp

Der Kranz wird perfekt, wenn man ihn einen Tag vor dem Servieren bis zum Zusammensetzen vorbereitet, dann in den Kühlschrank stellt und erst am Tag des Servierens mit der restlichen Buttercreme bestreicht und garniert. Die restliche Buttercreme nach dem Zusammensetzen in den Kühlschrank stellen und am nächsten Tag rechtzeitig vor dem Garnieren herausnehmen, damit sie sich streichen lässt.

GEFÜLLTE CUPCAKES MIT HASELNUSSKROKANT

Ergibt 6 Cupcakes

Für den Teig
90 g Weizenmehl Type 405
½ TL Backpulver
25 g Haselnusskrokant
2 Eier (Größe M)
75 g weiche Butter
30 g Schmand
60 g Kristallzucker
1 Prise Salz

Für die Creme
40 g Vanillezucker
1 EL Vanillepuddingpulver
125 ml Vollmilch (3,5 % Fettgehalt)
40 g Puderzucker
125 g weiche Butter

Zum Füllen und Dekorieren
85 g Preiselbeerkonfitüre
200 g Haselnusskrokant
6 kandierte Kirschen

Teig

Das Mehl mit dem Backpulver in eine Schüssel sieben. Den Haselnusskrokant untermischen.

Die Eier trennen.

Die weiche Butter mit dem Schmand und der Hälfte des Zuckers in eine Rührschüssel geben und mit dem Handrührgerät (Rührbesen) schaumig schlagen. Die Eigelbe einzeln dazugeben und je ca. 30 Sekunden einrühren.

Die Eiweiße mit dem Salz in einen hohen Rührbecher geben und mit dem Handrührgerät (Rührbesen) zu steifem Schnee schlagen. Dabei langsam den restlichen Zucker hineinrieseln lassen.

Die Mehl-Mandel-Mischung vorsichtig unter den Teig ziehen. Den Eischnee anschließend mit einem Gummispatel unter den Teig heben.

Ein Muffinblech mit 6 papiernen Muffinförmchen auslegen und anschließend den Teig einfüllen.

Das Muffinbech in den auf 180°C (Ober-/Unterhitze) bzw. 160°C (Umluft) vorgeheizten Backofen schieben und die Cupcakes etwa 20 Minuten backen. Die gebackenen Cupcakes aus dem Ofen nehmen und abkühlen lassen.

Creme

Den Vanillezucker und das Puddingpulver mit etwa 50 ml Milch glatt rühren.

Die restliche Milch mit dem Puderzucker in einen kleinen Topf geben und aufkochen. Das angerührte Puddingpulver in die heiße Milch rühren, dann die Flüssigkeit erneut aufkochen.

Die Oberfläche des fertigen heißen Puddings mit Frischhaltefolie bedecken, damit sich keine Haut bildet. Den Pudding abkühlen lassen.

Die weiche Butter in eine Rührschüssel geben und mit dem Handrührgerät (Rührbesen) schlagen, bis sie schneeweiß ist.

Den abgekühlten Pudding (er muss Zimmertemperatur haben) glatt rühren, dann esslöffelweise und unter stetigem Rühren in die schaumige Butter rühren, bis eine gebundene Creme entstanden ist. (Wichtig: Die Butter und der Pudding müssen Zimmertemperatur haben! Ist der Pudding noch warm, schmilzt die Butter. Ist die Butter zu kalt, gerinnt die Creme.) Die fertige Creme nochmals gründlich aufschlagen. Die Buttercreme in einen Spritzbeutel mit Sterntülle füllen.

Fertigstellen der Cupcakes

Aus den abgekühlten Cupcakes mit Hilfe eines Cupcakeausstechers das Innere herausstechen. Das Innere aufbewahren. Die ausgehöhlten Cupcakes mit der Preiselbeerkonfitüre füllen.

Die ausgestochenen Teigreste jeweils halbieren. Jeden Cupcake mit einem so halbierten Teigstück verschließen.

Die Buttercreme spiralförmig auf die Cupcakes spritzen. Die Creme mit dem Haselnusskrokant bestreuen. Auf jeden Cupcake eine kandierte Kirsche setzen.

Mein Tipp

Wer keinen Cupcakeausstecher hat, der kann auch einen Apfelentkerner nehmen.

REHRÜCKEN

Für den Rührteig
300 g Weizenmehl Type 550
4 g Backpulver
310 g weiche Butter
310 g feiner Kristallzucker
Mark von 1 Vanilleschote
4 Eier (Größe M), getrennt

Für die Deko
200 g Zartbitterschokolade
(70 % Kakaogehalt)
200 g Mandelstifte

Rührteig

Das Mehl mit dem Backpulver in eine Schüssel sieben.
Die Butter in einer Rührschüssel mit dem Handrührgerät (Rührbesen) schaumig schlagen. 200 g Zucker unter stetigem Rühren in die Butter rieseln lassen, anschließend das Vanillemark hineinrühren. Die Eigelbe einzeln dazugeben und je ca. 30 Sekunden einrühren. Das mit dem Backpulver versiebte Mehl zügig hineinrühren.
Die Eiweiße in eine hohe Rührschüssel geben und mit dem Handrührgerät (Rührbesen) zu steifem Schnee schlagen. Dabei den restlichen Zucker (110 g) hineinrieseln lassen.
Den Eischnee unter den Teig ziehen.
Den Teig in eine gebutterte und mehlierte Rehrückenbackform (ca. 30 cm lang) füllen und die Oberfläche glatt streichen.
Die Form in den auf 180°C (Ober-/Unterhitze) bzw. 160°C (Umluft) vorgeheizten Backofen schieben und den Rehrücken 50–60 Minuten backen.
Den fertigen Rehrücken in der Form erkalten lassen, dann auf ein Kuchengitter stürzen.

Fertigstellen

Die Zartbitterschokolade in Stücke brechen, in eine Metallschüssel geben und über einem heißen Wasserbad behutsam schmelzen.
Den Rehrücken gleichmäßig mit der flüssigen Schokolade bestreichen, dann mit den Mandelstiften spicken.

Mein Tipp

Ich finde es besonders schön, wenn man die Mandelstifte in exakt gleichmäßigen Abständen in den Rehrücken steckt. Das ist zeitaufwendig, sieht aber super aus.

PORTWEINGELEE MIT SCHOKOLADE UND ZIMT

Ergibt 6 Gläser à 150 ml

Zutaten

350 ml roter Portwein
1 kleine Zimtstange
250 g Gelierzucker (2:1)
2 EL frisch gepresster Orangensaft
25 g Zartbitterschokolade (70 % Kakaoanteil)

4 saubere, trockene Einmachgläser (je ca. 150 ml Fassungsvermögen) ohne Deckel in den auf 80°C (Umluft) vorgeheizten Backofen stellen.
Den Portwein mit der Zimtstange in einen Topf geben und aufkochen. Den Gelierzucker einrieseln lassen und unter stetigem Rühren 4 Minuten sprudelnd kochen lassen. Den frisch gepressten Orangensaft unter das heiße Portweingelee rühren. Den Topf vom Herd nehmen und die Zimtstange entfernen. Die Schokolade hacken, in das heiße Portweingelee rühren und auflösen.

Das heiße Portweingelee sofort bis zum Rand in die heißen Einmachgläser füllen. Die Gläser sofort mit den Deckeln verschließen und 5 Minuten auf den Kopf stellen. (So sieht man, ob die Deckel dicht sind.)
Die Gläser wieder umdrehen und das Portweingelee gelieren lassen.

Mein Tipp

Über »Geschenke aus der Küche« freut sich jeder. Verschenken Sie dieses Portweingelee zu Weihnachten, es schmeckt als Brotaufstrich sowie als Beigabe zu Wildgerichten.

SÜSSE

TRÄUME

BROWNIES

Ergibt ca. 25 Stück

150 g geröstete, gesalzene Macadamianusskerne
150 g Walnusskerne
1 Vanilleschote
1 Bio-Orange
200 g Zartbitterkuvertüre (70 % Kakaogehalt)
200 g Salzbutter, etwas mehr für die Form
6 Eier (Größe M)
300 g Kristallzucker
40 g Cognac
280 g Weizenmehl Type 550, etwas mehr für die Form
3–4 EL Kakaopulver
2 TL Backpulver

Eine rechteckige Springform (24 x 35 cm) fetten und bemehlen, dann beiseitestellen.
Die Macadamia- und Walnusskerne grob hacken.
Die Vanilleschote längs aufschlitzen und das Mark herauskratzen.
Die Orange heiß abwaschen und trocknen. Die Orangenschale fein abreiben.
Die Kuvertüre in feine Stücke hacken und in einen kleinen Topf geben. Die Butter klein schneiden und hinzufügen.
Das Gemisch unter Rühren behutsam erwärmen. (Vorsicht: Das Gemisch soll nur schmelzen, nicht kochen!)
Die Eier mit dem Zucker, dem Vanillemark und dem Orangenabrieb in eine Rührschüssel geben und mit dem Handrührgerät (Rührbesen) oder in der Küchenmaschine (Rührbesen) schaumig schlagen.
Die abgekühlte Schokoladen-Butter-Mischung und den Cognac unter die schaumige Ei-Zucker-Mischung rühren.
Das Mehl mit dem Kakao und dem Backpulver versieben und rasch in den Schokoladenteig rühren.
Zum Schluss die gehackten Nüsse mit einem Gummispatel unterziehen.

Den Teig in die vorbereitete Springform füllen und die Oberfläche glatt streichen, dann im auf 180°C (Ober-/Unterhitze) vorgeheizten Backofen ca. 30 Minuten backen. Der Teig muss durchgebacken, aber noch saftig sein.
Den fertigen Boden in der Form abkühlen lassen, dann aus der Springform lösen und in kleine Quadrate schneiden.

Mein Tipp

Anstatt des Cognacs kann man auch frisch gepressten Orangensaft verwenden.

SCHOKO-SOUFFLÉS

Ergibt 6–8 Soufflés

100 g Zartbitterkuvertüre (80 % Kakaogehalt)
50 g Weizenmehl Type 405
4 Eier (Größe M)
1 Prise Salz
75 g feiner Kristallzucker
50 g Butter
200 ml heiße Vollmilch (3,5 % Fettgehalt)
20 g Walnuss- oder Haselnusssahnelikör
Mark von 1 Vanilleschote
flüssige Butter und Kristallzucker zum Ausstreuen der Förmchen
etwas Kakaopulver zum Bestäuben

6–8 Souffléförmchen (à ca. 8 cm Durchmesser) mit flüssiger Butter auspinseln und mit etwas Zucker ausstreuen.
Die Kuvertüre fein hacken.
Das Mehl in eine Schüssel sieben.
Die Eier trennen. Die Eiweiße und das Salz in eine Rührschüssel geben und mit dem Handrührgerät (Rührbesen) zu steifem Schnee schlagen. Dabei den Zucker hineinrieseln lassen und immer weiterschlagen, bis er sich aufgelöst hat und ein glänzender Eischnee entstanden ist. Den Eischnee beiseitestellen.
Die Butter in einen kleinen Topf geben und vorsichtig schmelzen. Das gesiebte Mehl mit einem Schneebesen rasch in die flüssige Butter einarbeiten. Die heiße Milch in 3–4 Schritten hinzufügen. Dabei stetig kräftig rühren, damit sich keine Klümpchen bilden. Den Likör in die Mehlschwitze geben und glatt rühren. Den Topf vom Herd nehmen und die Mehlschwitze in eine große Schüssel füllen.
Die gehackte Kuvertüre nach und nach in die heiße Mehlschwitze rühren, bis sich die Schokolade komplett aufgelöst hat.
Die Eigelbe und das Vanillemark dann vorsichtig in die Schokoladencreme rühren. Zum Schluss den Eischnee mit einem Gummispatel in 3 Schritten unter die Schokoladencreme ziehen.
Die Soufflémasse bis knapp unter den Rand in die vorbereiteten Souffléförmchen füllen.
Die Förmchen auf ein heißes Backblech stellen. (Das Backblech im heißen Backofen aufheizen.) Das Backblech in das untere Drittel des auf 200°C (Ober-/Unterhitze – keine Umluft!) vorgeheizten Backofens schieben und die Soufflés 20 Minuten backen. Wichtig: Während des Garens die Ofentüre nicht öffnen, sonst fallen die Soufflés zusammen.
Die fertigen Soufflés aus dem Ofen nehmen, leicht mit Kakao bestäuben und sofort servieren.

AMERIKANER

Ergibt ca. 12 Stück

Für den Teig

250 g Weizenmehl Type 405
9 g Backpulver
1 Vanilleschote
1 Bio-Zitrone
75 g weiche Butter
95 g Kristallzucker
1 Prise Salz
2 zimmerwarme Eier (Größe M)
100 ml Vollmilch (3,5 % Fettgehalt)

Für das Dekor

200 g weißer, pastöser Fondant (vom Konditor)

Das Mehl mit dem Backpulver in eine Schüssel sieben.
Die Vanilleschote längs aufschlitzen und das Mark herauskratzen.
Die Zitrone heiß abwaschen und trocknen. Die Hälfte der Zitronenschale fein abreiben.
Die Butter in eine Rührschüssel geben und mit dem Handrührgerät (Rührbesen) schaumig schlagen. Den Zucker, das Vanillemark, den Zitronenabrieb und das Salz zugeben und schaumig schlagen.
Die Eier einzeln dazugeben und je ca. 30 Sekunden einrühren.
Das mit dem Backpulver versiebte Mehl abwechselnd mit der Milch in 4–5 Schritten zugeben und einrühren, bis ein gebundener Teig entstanden ist.
Den Teig in einen Spritzbeutel mit großer Lochtülle füllen und in 12 großen Tupfen mit reichlich Abstand auf ein mit Backpapier bedecktes Backblech spritzen.
Diese Tupfen im auf 180°C (Ober-/Unterhitze) vorgeheizten Backofen 15–20 Minuten goldbraun backen.
Die fertig gebackenen Amerikaner aus dem Ofen nehmen und abkühlen lassen.
Den Fondant unter Rühren in einem kleinen Topf vorsichtig erwärmen. Die glatten Unterseiten der Amerikaner damit bestreichen und auf ein Blech oder Kuchengitter legen. Dabei darauf achten, dass der Fondant nicht an den Rändern nach unten läuft.

Mein Tipp

Den Fondant leicht mit Rum abschmecken – dann schmecken die Amerikaner noch besser.

Whoopies mit Erdnussfüllung

Ergibt ca. 14 Whoopies

Für den Teig

160 g Weizenmehl Type 405
10 g Backpulver
30 g Kakaopulver
100 g weiche Butter
100 g Puderzucker
Mark von 1 Vanilleschote
Abrieb von 1 Bio-Orange
1 Prise Salz
1 Ei (Größe M)
100 g Kefir

Für die Füllung

200 g Frischkäse (Doppelrahmstufe)
110 g Erdnussbutter mit Crunch
85 g Puderzucker
20 g gehackte, geröstete Erdnusskerne
Mark von ½ Vanilleschote

Teig

Das Mehl mit dem Backpulver und dem Kakao in eine Schüssel sieben.
Die Butter in einer Rührschüssel mit dem Handrührgerät (Rührbesen) schaumig schlagen.
Den Puderzucker, das Vanillemark, den Orangenabrieb und das Salz zu der Butter geben und unterrühren.
Das Ei dazugeben und ca. 30 Sekunden einrühren. Anschließend esslöffelweise den Kefir in den Teig rühren.
Zum Schluss rasch die gesiebte Mehl-Kakao-Mischung hinzufügen. Nur so lange rühren, bis ein gebundener Teig entstanden ist.
Den Teig in einen Einweg-Spritzbeutel mit großer, glatter Tülle füllen und in 28 Tupfen (4 Reihen à 7 Tupfen) auf ein mit Backpapier bedecktes Backblech spritzen. Zwischen den Tupfen ausreichend Platz lassen, da der Teig beim Backen auseinanderläuft.
Das Blech in den auf 160°C (Ober-/Unterhitze) vorgeheizten Backofen schieben und die Teigtupfen 15 Minuten backen.
Das Backblech aus dem Ofen nehmen und die fertigen fluffigen Kekse zusammen mit dem Backpapier auf ein Kuchengitter ziehen und abkühlen lassen. Nach dem Erkalten vom Backpapier lösen.

Füllung

Den Frischkäse mit der Erdnussbutter, dem Puderzucker, den Erdnusskernen und dem Vanillemark in eine Schüssel geben und zu einer gebundenen Creme verrühren.
Diese Erdnusscreme in einen Einweg-Spritzbeutel mit glatter Tülle füllen.
Auf die glatten Seiten der Hälfte der fluffigen Kekse jeweils etwas Erdnusscreme spritzen, bis die Creme verbraucht ist.
Dann mit den restlichen fluffigen Keksen zusammensetzen und leicht andrücken.
Diese Whoopies etwa 1 Stunde in den Kühlschrank stellen.

Mein Tipp

Wenn man die Ränder der Whoopies in buntem Zucker wälzt, sehen sie noch attraktiver aus.

LOV
E

MOHNSTRIEZEL

Für den Hefeteig
300 g Weizenmehl Type 405
1 Päckchen Trockenhefe
125 ml Wasser
80 g Butter
45 g Kristallzucker
1 Prise Salz
Mark von 1 Vanilleschote

Für die Mohnfüllung
60 ml Vollmilch (3,5 % Fettgehalt)
125 g gemahlene Mohnsamen
1 Ei (Größe M)
30 g weiche Butter
50 g Kristallzucker
2 Tropfen Bittermandelöl
etwas gemahlener Zimt
etwas fein geriebene Zitronenschale (Bioware)
25 g in Rum eingelegte Rosinen, abgetropft

Für die Streusel
50 g Weizenmehl Type 405
50 g Kristallzucker
50 g Mandelkerne, gehobelt
50 g zimmerwarme Butter
Mark von 1 Vanilleschote

Zum Aprikotieren
2 EL Aprikosenkonfitüre
1 EL Wasser

Für den Guss
50 g Puderzucker
1–2 EL Wasser

Hefeteig

Das Mehl in eine Rührschüssel sieben. Die Trockenhefe hinzufügen und gut vermengen.
Das Wasser mit der Butter in einen kleinen Topf geben und vorsichtig erwärmen, bis die Butter geschmolzen ist. Die lauwarme Flüssigkeit über die Mehl-Hefe-Mischung gießen. Den Zucker, das Salz und das Mark der Vanilleschote hinzufügen und alles mit dem Handrührgerät (Knethaken) oder in der Küchenmaschine (Knethaken) in ca. 5–8 Minuten zu einem glatten, glänzenden Hefeteig verkneten.
Den Teig mit Frischhaltefolie bedecken und an einem warmen Ort ca. 30–45 Minuten gehen lassen, bis er sein Volumen verdoppelt hat.

Mohnfüllung

Die Milch erhitzen, aber nicht aufkochen.
Den Mohn in eine Schüssel geben und mit der heißen Milch überbrühen. Die Schüssel bedecken und den Mohn 12 Minuten quellen lassen.
Anschließend das Ei, die Butter und den Zucker unter den gequollenen Mohn rühren. Das Gemisch mit dem Bittermandelöl, etwas Zimt und Zitronenabrieb abschmecken. Zum Schluss die Rumrosinen unterziehen. Die Füllung abkühlen lassen.

Den Mohnstriezel füllen

Den Hefeteig auf einer bemehlten Arbeitsfläche kurz durchkneten, dann zu einem Rechteck von ca. 25 x 30 cm ausrollen. Die Mohnfüllung auf den Teig streichen, dabei rundherum einen Rand von ca. 1 cm frei lassen. Den bestrichenen Teig von der langen Seite her aufrollen. Den Mohnstriezel mit der Nahtstelle nach unten auf ein mit Backpapier bedecktes Backblech legen und die Enden leicht andrücken.

Streusel

Das Mehl in eine Rührschüssel sieben. Den Zucker, die gehobelten Mandeln, die Butter und das ausgekratzte Vanillemark hinzufügen und alles mit den Händen zu Streuseln verarbeiten.
Den vorbereiteten Mohnstriezel mit Wasser bepinseln.
Die Streusel auf den Mohnstriezel geben und diese leicht andrücken. Den Striezel an einem warmen Ort weitere 30 Minuten gehen lassen, bis er sein Volumen sichtbar vergrößert hat.
Das Backblech in den auf 180°C (Ober-/Unterhitze) bzw. 160°C (Umluft) vorgeheizten Backofen schieben und den Striezel etwa 35–40 Minuten goldbraun backen.

Aprikotieren

Die Konfitüre mit dem Wasser in einen kleinen Topf geben und unter Rühren leicht reduzieren. Den fertig gebackenen, noch heißen Mohnstriezel sofort damit bestreichen.

Fertigstellen

Den Puderzucker mit dem Wasser zu einem dickflüssigen Guss verrühren. Den Guss in ein kleines Spritztütchen aus Pergamentpapier füllen und fest verschließen. Eine kleine Ecke des Spritztütchens abschneiden und den Guss in einer dünnen Linie dekorativ auf den abgekühlten Mohnstriezel spritzen.

Mein Tipp

Ein toller Sommergenuss wird der Striezel, wenn man frisches Obst (Äpfel, Birnen oder Aprikosen) dazu reicht.

MOHNMOUSSE IM GLAS

Zutaten
200 g weiße Kuvertüre
500 g flüssige Sahne
1 Blatt weiße Gelatine
100 g trockener Weißwein
10 g gemahlene Blaumohnsamen
1 Ei
1 Eigelb
etwas frisch geriebene Tonkabohne
etwas Schokoladendekor nach Belieben

Die Kuvertüre in Stücke hacken, in eine Metallschüssel geben und über einem heißen Wasserbad behutsam schmelzen.
Die Sahne in eine hohe Rührschüssel geben, steif schlagen und in den Kühlschrank stellen.
Die Gelatine 5–8 Minuten in kaltem Wasser einweichen.
Den Wein in einem Topf erhitzen. Den Mohn zugeben und unter Rühren aufkochen, bis eine dickflüssige Masse entstanden ist.
Die Mohnmasse gründlich in die flüssige Kuvertüre rühren. Diese Schoko-Mohn-Masse beiseitestellen.
Das Ei und das Eigelb in eine Metallschüssel geben und über einem heißen Wasserbad unter Rühren schaumig schlagen, bis eine weißliche, gebundene Creme entstanden ist. (Achtung: Das Wasserbad darf nicht zu heiß sein, sonst gibt es Rührei.) Die Metallschüssel vom Wasserbad nehmen.
Die Schoko-Mohn-Masse langsam in die schaumige Eiercreme rühren.
Die eingeweichte Gelatine ausdrücken, in eine Metallschüssel geben und über einem heißen Wasserbad unter Rühren auflösen. Etwas Schoko-Mohn-Creme in die aufgelöste Gelatine rühren. Die so angerührte Gelatine zügig in die restliche Schoko-Mohn-Creme rühren. Die Creme mit etwas frisch geriebener Tonkabohne abschmecken und etwas abkühlen lassen.
Abschließend steif geschlagene Sahne vorsichtig unter die Mohncreme heben.
Die Mohnmousse in 6 Dessertgläser füllen und 2–3 Stunden im Kühlschrank anziehen lassen.
Vor dem Servieren nach Belieben mit Schokoladendekor verzieren.

Mein Tipp

Aufgelöste Gelatine nie gleich in die Flüssigkeit oder Creme rühren, sondern immer mit einem Teil der Flüssigkeit bzw. Creme anrühren (»angleichen«), damit sich die unterschiedlichen Temperaturen ausgleichen. Die so angerührte Gelatine stets zügig unterrühren, sonst entstehen Fäden oder Klümpchen.

KLEIN &

FEIN

BIENENSTICH

Für den Hefeteig

500 g Weizenmehl Type 550
250 ml Vollmilch (3,5 % Fettgehalt)
30 g frische Hefe
50 g Kristallzucker
50 g weiche Butter
2 zimmerwarme Eier (Größe M)
1 Prise Salz

Für den Belag

100 g Butter
50 g flüssiger Honig
125 g Kristallzucker
200 g gehobelte Mandelkerne

Für die Vanillecreme

1 Päckchen Vanillepuddingpulver (40 g)
500 g Vollmilch (3,5 % Fettgehalt)
30 g Kristallzucker
1 Vanilleschote
250 g steif geschlagene Sahne

Hefeteig

Das Mehl in eine Rührschüssel sieben und mit den Händen mittig eine Mulde formen.

Die Milch in einem kleinen Topf leicht erwärmen. Die Hefe in die lauwarme Milch bröckeln und unter Rühren auflösen. Die Hefemilch in die Mehlmulde geben. Dann mit einem Kochlöffel 2–3 EL Mehl in die Hefemilch einarbeiten. Diesen Vorteig mit einem Tuch bedecken und bei Zimmertemperatur etwa 15 Minuten gehen lassen, bis sich Risse an der Oberfläche bilden.

Nach der Gehzeit den Kristallzucker, die weiche Butter, die Eier und das Salz zu dem Vorteig geben. Alles zusammen in der Küchenmaschine (Knethaken) oder mit dem Handrührgerät (Knethaken) zu einem glatten Teig verkneten. Der Hefeteig sollte zäh und glänzend sein. Den Hefeteig erneut mit einem Tuch bedecken und bei Zimmertemperatur weitere 30 Minuten gehen lassen.

Belag

Die Butter mit dem Honig und dem Zucker in einen kleinen Topf geben und bei geringer Temperatur unter Rühren schmelzen lassen. Die Mandeln hinzufügen, unter Rühren aufkochen und weiterrühren, bis eine gebundene Mischung entstanden ist. Den Topf vom Herd nehmen und das Mandelgemisch etwas abkühlen lassen.

Teig belegen und backen

Den Hefeteig auf einer bemehlten Arbeitsfläche zu einem Rechteck in Größe eines Backblechs ausrollen. Die Teigplatte auf ein mit Butter gefettetes und leicht bemehltes Backblech legen und mit der Mandelmischung bestreichen.

Das Blech in den auf 200°C (Ober-/Unterhitze) bzw. 180°C (Umluft) vorgeheizten Backofen schieben und den Teig etwa 30 Minuten goldbraun backen.

Den gebackenen Kuchen aus dem Ofen nehmen und erkalten lassen.

Vanillecreme

Aus dem Puddingpulver, dem Zucker, der Milch und dem ausgekratzten Vanillemark nach Packungsanweisung einen Vanillepudding zubereiten. Die Oberfläche des fertigen, heißen Puddings mit Frischhaltefolie bedecken, damit sich keine Haut bildet. Den Pudding vollständig abkühlen lassen.

Den abgekühlten Pudding glatt rühren, dann nach und nach die steif geschlagene Sahne unterheben.

Bienenstich fertigstellen

Den erkalteten Kuchen waagrecht halbieren. Den »Mandeldeckel« mit einem scharfen Messer in kleine Rechtecke schneiden.

Die Vanillecreme auf dem unteren Boden verteilen und glatt streichen. Die Rechtecke vom Mandeldeckel auf den bestrichenen Boden setzen. Die Kanten mit einer Teigkarte glatt ziehen und den Bienenstich mindestens 2 Stunden in den Kühlschrank stellen.

Mein Tipp

Es gibt viele Varianten für Bienenstichfüllungen: Puddingcreme, Buttercreme oder Vanillesahne. Alle sind erlaubt, ganz wie es Ihnen am liebsten ist!

MANDEL-KARAMELL-MACARONS

Für die Böden
300 g Tant pour Tant (Pulver aus je zur Hälfte Puderzucker und feinst gemahlenen Mandelkernen, im Internet erhältlich)
100 g Eiweiß
150 g feiner Kristallzucker
40 ml Wasser

Für die Ganache
150 g flüssige Sahne
150 g Karamellkuvertüre-Chips (im Internet erhältlich)

Böden

Das Tant-pour-Tant-Pulver in eine Schüssel geben. Die Hälfte des flüssigen Eiweißes zugeben und mit einem Esslöffel einarbeiten.
Den Zucker mit dem Wasser in einen Topf geben und auf 116°C erhitzen. Dabei die Temperatur mit Hilfe eines Zuckerthermometers kontrollieren. Den Topf sofort vom Herd nehmen.
Das restliche Eiweiß in eine Schüssel geben und mit dem Handrührgerät (Rührbesen) leicht anschlagen.
Dann den heißen Zuckersirup unter stetigem Rühren in einem dünnen Strahl in den Eischnee laufen lassen und zu steifem Schnee schlagen. Den Eischnee mit einer Spatel unter die Mandelmischung heben.
2 Backbleche mit je 1 Silikonmatte bedecken. Den Teig in einen Spritzbeutel mit Lochtülle füllen und in gleichmäßigen Tupfen von der Größe einer Zwei-Euro-Münze auf die Silikonmatten spritzen. Diese Tupfen ca. 25 Minuten bei Zimmertemperatur trocknen lassen.
Die Bleche in den auf 150°C (Umluft) vorgeheizten Backofen schieben und die Macaronböden darin 10 Minuten backen. Die fertig gebackenen Macaronböden auf der Silikonmatte abkühlen lassen.

Ganache

Die Sahne in einem kleinen Topf aufkochen, anschließend kurz abkühlen lassen.
Die Karamellkuvertüre-Chips in eine kleine Schüssel geben, die heiße Sahne darübergießen und kurz ruhen lassen. Dann mit einem Gummispatel vorsichtig von außen nach innen rühren und die Chips schmelzen. Die Ganache glatt rühren, etwas abkühlen lassen und anschließend für ca. 1 Stunde in den Kühlschrank stellen. Die kalte Ganache kurz mit einer Spatel durchrühren und in einen Spritzbeutel mit Lochtülle füllen.

Macarons füllen

Auf die Hälfte der Macaronböden einen Klecks Ganache spritzen. Auf jeden gefüllten Boden einen ungefüllten setzen und die Macarons zusammensetzen.

Mein Tipp

Normaler Mandelgrieß ist zu grob, verwendet man ihn, wird der Teig zu flüssig. Damit die Macarons gelingen, muss man Tant pour Tant verwenden.

DONAUWELLE

Für den Teig
380 g Weizenmehl Type 405
9 g Backpulver
255 g zimmerwarme Butter
150 g Kristallzucker
Mark von 1 Vanilleschote
1 Prise Salz
5 Eier (Größe M)
23 g Kakaopulver, gesiebt
10 g Vollmilch (3,5 % Fettgehalt)

Für den Belag
1 großes Glas Sauerkirschen (750 ml), abgetropft oder 750 g frische Sauerkirschen, entsteint

Für die Buttercreme
1 Packung Vanillepuddingpulver
90 g Kristallzucker
500 ml Vollmilch (3,5 % Fettgehalt)
350 g zimmerwarme Butter

Für den Guss
210 g Zartbitterkuvertüre (75 % Kakaogehalt)
20 g neutrales Pflanzenöl

Teig

Ein Backblech großzügig mit Alufolie bedecken und darauf eine Lage Backpapier legen. Einen Backrahmen (30 x 40 cm) daraufstellen und auslaufsicher verschließen, dabei die überstehenden Alufolienränder nach oben falten und um den oberen Backrahmenrand krempeln.
Das Mehl und das Backpulver in eine Schüssel sieben.
Die Butter in einer Rührschüssel mit dem Handrührgerät (Rührbesen) oder in der Küchenmaschine (Rührbesen) schaumig schlagen.
Den Zucker unter stetigem Rühren in die Butter rieseln lassen, anschließend das Vanillemark und das Salz hineinrühren.
Die Eier einzeln dazugeben und je ca. 30 Sekunden einrühren. Zum Schluss das mit dem Backpulver versiebte Mehl rasch hineinrühren, bis ein glatter Teig entstanden ist.
⅔ des Teigs in den vorbereiten Backrahmen geben und die Oberfläche glatt streichen.
Das Kakaopulver und die Milch in den restlichen Teig rühren. Diesen dunklen Teig auf den hellen Teig im Backrahmen verteilen und mit einem Esslöffel locker vermischen, bis eine Marmorierung entsteht. Die Oberfläche glatt streichen.
Die Kirschen auf dem marmorierten Teig verteilen. Der Teig geht beim Backen auf und die Kirschen versinken.
Den Teig in den auf 180°C (Ober-/Unterhitze) bzw. 160°C (Umluft) vorgeheizten Backofen schieben und 40–45 Minuten backen. Den fertigen Kuchen aus dem Ofen nehmen und im Backrahmen abkühlen lassen.

Buttercreme

Während der Kuchen im Ofen ist, aus dem Puddingpulver, dem Zucker und der Milch nach Packungsanweisung einen Vanillepudding zubereiten. Die Oberfläche des fertigen, heißen Puddings mit Frischhaltefolie bedecken, damit sich keine Haut bildet. Den Pudding abkühlen lassen.
Die weiche Butter in eine Rührschüssel geben und mit dem Handrührgerät (Rührbesen) schlagen, bis sie schneeweiß ist. Den abgekühlten Pudding (er muss Zimmertemperatur haben) glatt rühren, dann esslöffelweise und unter stetigem Rühren in die schaumige Butter rühren, bis eine gebundene Creme entstanden ist. (Wichtig: Die Butter und der Pudding müssen Zimmertemperatur haben! Ist der Pudding noch heiß, schmilzt die Butter. Ist die Butter zu kalt, gerinnt die Creme.) Die fertige Creme nochmals gründlich aufschlagen.

Fertigstellen

Die Buttercreme auf dem erkalteten Kuchen verteilen und glatt streichen. Den bestrichenen Kuchen etwa 50 Minuten in den Kühlschrank stellen.
Die Kuvertüre in kleine Stücke hacken, in eine Metallschüssel geben und über einem warmen Wasserbad behutsam schmelzen und anschließend das Pflanzenöl gut unterrühren.
Den Kuchen aus dem Kühlschrank nehmen und rasch mit der flüssigen Kuvertüre bestreichen. Mit einem Tortengarnierkamm ein Wellenmuster in den Guss ziehen.
Sobald der Guss erstarrt ist, den Kuchen mit einem Messer vom Rahmen lösen und in beliebig große Stücke schneiden.

Mein Tipp

Eine ganz ausgefallene Optik erhält die Donauwelle, wenn man die Buttercreme in Zacken wie ein Gebirge auf den Boden gibt und wild mit Kuvertüre bestreicht.

PUSH-UP-CAKES MIT KIRSCHFÜLLUNG

Ergibt 8 Push-up-Cakes

Für den Teig
45 g Weizenmehl Type 550
30 g Kakaopulver
1 gestrichener TL Backpulver
40 g Kakaobohnenbruch
60 g Butter
55 g feiner Kristallzucker
1 Vanilleschote
1 Prise Salz
1 Ei (Größe M)
40 g Vollmilch (3,5 % Fettgehalt)
weiche Butter und Weizenmehl für die Push-up-Cake-Backform

Für die Creme
150 g frische Süßkirschen
130 g Frischkäse (Doppelrahmstufe)
120 g Quark (20 % Fettgehalt)
50 g Puderzucker
1 Päckchen Sahnesteif

Zum Dekorieren
80 g roter Modellierfondant
80 g grüner Modellierfondant
60 g Pistazienkerne, gehackt

Teig

Eine Push-up-Cake-Backform (antihaftbeschichtetes Backblech mit kleinen Mulden) mit weicher Butter fetten und bemehlen.

Das Mehl mit dem Kakao und dem Backpulver in eine Schüssel sieben. Den Kakaobohnenbruch locker untermengen.

Die Butter in einer Rührschüssel mit dem Handrührgerät (Rührbesen) schaumig schlagen. Den Zucker unter stetigem Rühren in die Butter rieseln lassen, anschließend das Vanillemark und das Salz hineinrühren. Das Ei hinzufügen und ca. 30 Sekunden hineinrühren.

Das Mehl-Kakao-Gemisch und die Milch abwechselnd esslöffelweise hinzufügen. So lange rühren, bis ein gebundener Teig entstanden ist.

Den Teig in einen Kunststoffspritzbeutel mit glatter Tülle füllen, dann in die Mulden der vorbereiteten Backform spritzen.

Die Form in den auf 180°C (Ober-/Unterhitze) bzw. 160°C (Umluft) vorgeheizten Backofen schieben und die Cakes 8–10 Minuten backen. Die Böden nach dem Backen abkühlen lassen.

Creme

Die Süßkirschen waschen, entsteinen, in einen Mixbecher geben und mit dem Stabmixer pürieren.

Den Frischkäse, den Quark und den Puderzucker mit dem Kirschpüree in eine Schüssel geben und mit dem Handrührgerät (Rührbesen) glatt rühren. Das Sahnesteif hinzufügen und die Creme aufschlagen. Die Kirschcreme in einen Spritzbeutel mit Lochtülle füllen.

Fertigstellen der Push-up-Cakes

8 Kunststoff-Push-up-Cake-Formen mit je 1 Teigboden auslegen. Darauf je 1 cm Kirschcreme spritzen. Diesen Vorgang wiederholen, bis alle Böden aufgebraucht sind. Dabei mit einem Teigboden abschließen. Darauf eine Spirale aus Kirschcreme dressieren. Die Push-up-Cakes mindestens 2 Stunden in den Kühlschrank stellen.

Dekorieren

Aus den Modellierfondants rote Kirschen mit grünen Blättern formen. Die Oberflächen der Cakes damit verzieren und mit gehackten Pistazien bestreuen.

PUSH UP

AMERICAN CHEESECAKE

Zutaten
200 g Butterkekse
100 g Salzbutter
800 g Frischkäse (Doppelrahmstufe)
4 Eier (Größe M)
200 g feiner Kristallzucker
20 g feine Speisestärke
20 g frisch gepresster Zitronensaft
200 g Crème fraîche

Die Butterkekse in einen Gefrierbeutel geben und mit einem Teigroller zu feinen Bröseln verarbeiten. Die Brösel in eine Schüssel geben.
Die Butter in einem kleinen Topf bei milder Temperatur zerlassen. Die flüssige Butter über die Brösel geben und vermengen.
Den Boden einer auslaufsicher verschlossenen Springform (28 cm Durchmesser) mit Backpapier auslegen. Die Butterbrösel darauf verteilen und festdrücken. Den Bröselboden im auf 170°C (Ober-/Unterhitze) bzw. 150°C (Umluft) vorgeheizten Backofen (mittlere Einschubhöhe) 10 Minuten backen, dann in der Form abkühlen lassen.
Den Frischkäse mit den Eiern, 155 g Zucker, der Speisestärke und dem Zitronensaft in eine Schüssel geben und mit dem Handrührgerät (Rührbesen) glatt rühren. Die Käsecreme mit einem Spatel auf dem gebackenen Bröselboden verteilen und die Oberfläche glatt streichen.
Die Springformunterseite großzügig in Alufolie wickeln und rundherum fest verschließen, dabei die Folienenden um den oberen Springformrand krempeln. Die Springform in ein tiefes Backblech (Fettpfanne) stellen. Das Blech ca. 1–2 cm hoch mit kochendem Wasser füllen.
Den Kuchen im auf 170°C (Ober-/Unterhitze) bzw. 150°C (Umluft) vorgeheizten Backofen ca. 45 Minuten backen.
In der Zwischenzeit die Crème fraîche mit dem restlichen Zucker (45 g) glatt rühren. Diese Creme vorsichtig auf die heiße Kuchenoberfläche streichen. Den Cheesecake weitere 15 Minuten backen.
Den fertig gebackenen Cheesecake aus dem Ofen nehmen und mit einem dünnen, gefetteten Messer vom Rand der Springform lösen. Den Kuchen in der Form mindestens 90 Minuten abkühlen lassen. Am besten ist es, den Cheesecake einen Tag vor dem Servieren zuzubereiten und über Nacht in den Kühlschrank zu stellen.
Den Cheesecake mit einem Fruchtpüree oder frischen Beeren oder Früchten (zum Beispiel Himbeeren oder Blaubeeren) garniert servieren.

CHEESECAKE-ICE-POPS

Ergibt 4 Ice-Pops

Zutaten
½ Bio-Limette
135 g Frischkäse (Doppelrahmstufe)
115 g Crème fraîche
75 g flüssige Sahne
50 g feiner Kristallzucker
60 g passierte Himbeerkonfitüre

Die Limette heiß waschen, trocknen und die Schale fein abreiben.
Den Frischkäse mit der Crème fraîche in eine Schüssel geben, den Limettenabrieb hinzufügen und glatt rühren.
Die Sahne und den Zucker in die Frischkäsecreme geben und mit dem Handrührgerät (Rührbesen) rühren, bis sich der Zucker aufgelöst hat.
Die passierte Himbeerkonfitüre glatt rühren, in die Frischkäsecreme geben und mit einem Löffel eine Marmorierung in die Creme ziehen.
Die Frischkäsecreme in 4 Eis-am-Stiel-Förmchen (à 100 ml) füllen. In jedes Förmchen einen Holzstiel für Eis am Stiel stecken. Die Förmchen in das Tiefkühlfach legen und die Creme 12 Stunden gefrieren lassen.
Die fertigen Förmchen kurz unter fließendes heißes Wasser halten, dann das Eis am Stiel herauslösen.

Mein Tipp
Sie können jede Konfitüre für dieses Eis verwenden – je farbintensiver, desto schöner!

KÄSEKUCHEN

Für den Teig
350 g Weizenmehl Type 405
175 g kalte Butter, in Würfel geschnitten
130 g Puderzucker
1 Eigelb (Größe M)
1 Prise Salz
getrocknete Hülsenfrüchte zum Blindbacken

Für die Quarkmasse
5 Eier (Größe M), getrennt
150 g weiche Butter
250 g Puderzucker
fein geriebene Schale von 1 Bio-Zitrone
Mark von 1 Vanilleschote
1 Prise Salz
950 g Magerquark
80 g feine Speisestärke
140 g steif geschlagene Sahne

Teig

Das Mehl in eine große Rührschüssel sieben. Die kalten Butterwürfel, den Puderzucker, das Eigelb und das Salz hinzufügen und alles mit dem Handrührgerät (Knethaken) oder mit den Händen rasch zu einem glatten Teig verkneten. Den Boden einer Springform (26 cm Durchmesser) mit Backpapier auslegen. ⅔ des Mürbeteigs auf einer bemehlten Arbeitsfläche zu einem Kreis ausrollen. Den Teigkreis in die Springform legen.
Den restlichen Teig zu einer Rolle formen, diese in die Springform legen und mit den Händen einen 5 cm hohen Rand hochdrücken. Die Form 20 Minuten in den Kühlschrank stellen.
Den Teigboden und -rand anschließend mit Backpapier bedecken. Die Springform bis zum Rand mit getrockneten Hülsenfrüchten füllen. Den Mürbeteig im auf 190°C (Ober-/Unterhitze) bzw. 170°C (Umluft) vorgeheizten Backofen auf mittlerer Einschubhöhe ca. 15 Minuten blind backen. Die Form anschließend aus dem Ofen nehmen. Die Hülsenfrüchte und das Backpapier entfernen. Den Mürbeteig weitere 5 Minuten backen, dann in der Form abkühlen lassen.

Quarkmasse

In der Zwischenzeit die Eiweiße in eine hohe Rührschüssel geben und mit dem Handrührgerät (Rührbesen) zu steifem Schnee schlagen.
Die weiche Butter mit dem Puderzucker, dem Zitronenabrieb und dem Vanillemark sowie dem Salz in eine Rührschüssel geben und mit dem Handrührgerät (Rührbesen) schaumig schlagen. Die Eigelbe einzeln dazugeben und je ca. 30 Sekunden einrühren.
Den Quark in einer separaten Schüssel glatt rühren, dann unter die schaumige Butter-Puderzucker-Mischung rühren. Anschließend die Speisestärke unterziehen.
Zum Schluss vorsichtig und löffelweise erst die geschlagene Sahne, dann den Eischnee unter die Quarkcreme ziehen.
Die Ofentemperatur auf 170°C (Ober-/Unterhitze) bzw. 150°C (Umluft) reduzieren.
Die Quarkcreme auf dem vorgebackenen Kuchenboden verteilen und die Oberfläche glatt streichen. Den Käsekuchen weitere 25 Minuten backen, dann aus dem Ofen nehmen und 15 Minuten abkühlen lassen. (Den Backofen unterdessen nicht ausschalten.) Den Käsekuchen zurück in den Ofen schieben und weitere 15 Minuten backen, dann erneut aus dem Ofen nehmen und wieder 15 Minuten abkühlen lassen. (Den Backofen unterdessen nicht ausschalten.)
Im Anschluss den Käsekuchen in ca. 30 Minuten fertig backen, bis er goldgelb ist.
Den fertigen Käsekuchen mindestens 3 Stunden in der Form abkühlen lassen. Noch besser ist es, den Kuchen einen Tag vor dem Servieren zu backen und über Nacht durchziehen zu lassen.

Mein Tipp

Durch das »Backen in Etappen« kann sich die Quarkcreme gleichmäßig setzen – es entsteht keine Spannung und der Kuchen bekommt keine unschönen Risse und fällt auch nicht zusammen.

KÄSEKUCHENEIS MIT WAFFEL

Für das Eis
500 g Speisequark (40 % Fettgehalt)
160 g Kristallzucker
1 EL frisch gepresster Zitronensaft
Mark von 1 Vanilleschote
2 Eigelb (Größe M)
200 g flüssige Sahne

Für die Waffel
250 g Weizenmehl Type 405
125 g weiche Butter
125 g feiner Kristallzucker
1 TL gemahlener Zimt
2 Eier (Größe M)
etwas flüssige Butter zum Ausbacken

Eis

Den Quark mit dem Zucker und dem Zitronensaft in eine Schüssel geben und mit dem Schneebesen rühren, bis sich der Zucker aufgelöst hat. Anschließend das ausgekratzte Vanillemark in die Creme rühren. Die Eigelbe in die Quarkcreme geben und erneut glatt rühren.
Die flüssige Sahne unterrühren und alles zusammen mit dem Handrührgerät (Rührbesen) cremig aufschlagen. Die Quarkcreme in der Eismaschine zu cremigem »Käsekucheneis« gefrieren. (Alternativ die Creme in eine Gefrierbox geben und im Tiefkühlfach gefrieren. Dabei die Creme in den ersten 3–4 Stunden alle 30 Minuten mit einer Gabel durchrühren, damit sich keine Eiskristalle bilden.)

Waffel

Das Mehl in eine Schüssel sieben.
Die weiche Butter mit dem Zucker und dem Zimt in eine Rührschüssel geben und mit dem Handrührgerät (Rührbesen) schaumig schlagen. Die Eier einzeln dazugeben und je ca. 30 Sekunden einrühren und weiterschlagen, bis eine Creme entstanden ist. Anschließend das gesiebte Mehl rasch unterrühren.
Den Teig portionsweise in ein leicht gefettetes Waffeleisen füllen und 6 goldbraune Waffeln backen.

Anrichten

Jede Waffel mit einer Kugel Käsekucheneis servieren.

STRUDEL

VARIATION

APFELSTRUDEL

Für den Teig

200 g Weizenmehl Type 550
30 g Sonnenblumenöl
1 Prise Salz
75 ml lauwarmes Wasser

Für die Füllung

900 g Äpfel (Sorte: Boskoop)
100 g Kristallzucker
Mark von 1 Vanilleschote
55 g Mandelkerne, gehobelt
40 g in Rum eingeweichte Rosinen
etwas gemahlener Zimt

Für den Strudel

90 g Butter
60 g süße Brösel aus Biskuit oder Hefeteig (erhältlich beim Konditor)

Zum Anrichten

Puderzucker

Teig

Das Mehl in eine Rührschüssel sieben. Das Sonnenblumenöl, das Salz und das Wasser hinzufügen und alles in der Küchenmaschine (Knethaken) oder mit dem Handrührgerät (Knethaken) ca. 10 Minuten zu einem glatten, elastischen Teig verkneten. Den Teig in Frischhaltefolie wickeln und 25 Minuten bei Zimmertemperatur ruhen lassen.

Füllung

In der Zwischenzeit die Äpfel schälen und die Kerngehäuse herausschneiden. Die Äpfel in dünne Spalten schneiden und in eine große Schüssel geben. Den Zucker, das Vanillemark, die gehobelten Mandeln und die abgetropften Rumrosinen hinzufügen und alles gut vermengen.
Die marinierten Äpfel mit etwas Zimt abschmecken.

Strudel fertigstellen

Die Butter in einem kleinen Topf bei milder Temperatur zerlassen, aber nicht zu heiß werden lassen.
Den Teig auf einer bemehlten Arbeitsplatte dünn ausrollen, dann auf ein großes, bemehltes Geschirrtuch legen. Den Teig an den Rändern leicht hochheben und über den Handrücken dünn und gleichmäßig ausziehen, dann dünn mit flüssiger Butter bepinseln. Die süßen Brösel darüberstreuen, dabei an jeder Seite einen Rand von 5–6 cm frei lassen.
Das Apfelgemisch auf dem Teig verteilen. Dabei das untere Drittel des Teigs sowie an jeder Seite einen Rand von 5–6 cm frei lassen.
Die seitlichen Teigränder nach oben über die Füllung klappen. Dann den Teig von oben nach unten mit Hilfe des Geschirrtuches vorsichtig aufrollen. Die seitlichen Enden gut zusammendrücken.
Den Strudel mit der Naht nach unten auf ein mit Backpapier bedecktes Backblech legen und die Oberfläche mit der restlichen Butter bepinseln.
Das Blech in den auf 180°C (Ober-/Unterhitze) bzw. 160°C (Umluft) vorgeheizten Backofen schieben und den Strudel etwa 55 Minuten goldbraun backen.
Den warmen Apfelstrudel vor dem Servieren mit Puderzucker bestäuben.

Meine Tipps

Anstatt in Rum kann man die Rosinen über Nacht auch in Apfelsaft einweichen.
Die Apfelspalten nur ganz vorsichtig mit Zimt abschmecken, nimmt man zu viel, so schmeckt die Füllung bitter.

APFELSTRUDELKONFITÜRE

Ergibt 6 Gläser à 200 ml

50 g Korinthen
50 g brauner Rum (Übersee-Rum)
1–2 Bio-Zitronen, je nach Größe
1,2–1,4 kg Äpfel (Sorte: Boskoop)
1 Vanilleschote
500 g Gelierzucker (2 : 1)
40 g gehackte, geröstete Haselnusskerne
4 g frisch gemahlener Zimt

6 saubere, trockene Einmachgläser (je 200 ml Fassungsvermögen) ohne Deckel in den auf 80°C (Umluft) vorgeheizten Backofen stellen.
Die Korinthen in ein kleines Sieb geben, unter heißem Wasser waschen, dann abtropfen lassen und in einem verschließbaren Glas in dem Rum einweichen.
Die Zitronen heiß abwaschen und trocknen. Die Schale von einer ½ Zitrone fein abreiben. Den Zitronensaft auspressen und 50 g davon abwiegen.
Die Äpfel waschen, schälen, entkernen und in kleine Würfel schneiden. Davon 1000 g abwiegen, in einen großen Topf geben und sofort mit dem Zitronensaft übergießen, damit sie nicht braun werden.
Die Vanilleschote längs aufschlitzen und das Mark herauskratzen.

Die Apfelwürfel mit dem Gelierzucker, den eingeweichten Korinthen samt dem Rum, dem Vanillemark, dem Zitronenabrieb, den Haselnüssen und dem Zimt vermengen.
Den Topfinhalt unter ständigem Rühren erhitzen und aufkochen, dann unter stetigem Rühren 3 Minuten sprudelnd kochen lassen.
Die heiße Apfelstrudelkonfitüre sofort bis zum Rand in die heißen Einmachgläser füllen. Die Gläser sofort mit den Deckeln verschließen und 5 Minuten auf den Kopf stellen. (So sieht man, ob die Deckel dicht sind.)
Die Gläser wieder umdrehen und die Apfelstrudelkonfitüre gelieren lassen.

Mein Tipp
Die Korinthen am besten eine Woche vor dem Zubereiten der Konfitüre in Rum einlegen, dann entwickeln sie ein sehr gutes Aroma.

REGISTER ALLER REZEPTE

REGISTER DER KLASSIKER

REGISTER DER MODERNEN INTERPRETATIONEN

DANKSAGUNG

Dieses Buch ist ja mein erstes großes eigenes und ich bin es noch gar nicht gewohnt, eine offizielle Danksagung zu schreiben. Aber eigentlich ist das eine schöne Gelegenheit. Zuallererst muss ich mich natürlich beim Verlag bedanken, der mir meinen großen Traum eines eigenen Backbuches ermöglicht hat und meine Ideen ohne mit der Wimper zu zucken mit mir gemeinsam umgesetzt hat. Ganz besonders muss ich mich dafür bedanken, dass Ihr alle so viel Geduld und einen langen Atem mit mir hattet. Ich weiß, meine Rezepte kamen nicht immer wirklich pünktlich. Ich verspreche aber Besserung. Insbesondere danke ich hier Silke Kirsch und Sonya Mayer und nicht zu vergessen Bobby Kestler. Sie hat es geschafft, mich auch nach fünf Stunden Dauergrinsen beim Fotoshooting noch auf wirklich charmante Weise zum echten Lachen zu bringen. Apropos Fotoshooting. Ein großer Dank gilt natürlich auch Klaus Einwanger und seinem Team. Er ist einfach ein Spitzen-Food-Fotograf, mit dem ich viel Spaß hatte. Ich hoffe, wir arbeiten mal wieder zusammen.

Dann danke ich von Herzen Luise Biberger, die sich beim Tippen meiner Texte die Finger wund geschrieben hat und dabei nie ihren Charme und ihr liebes Lächeln verloren hat. Für die richtigen Worte danke ich auch Stephanie Bräuer, mit der aus einer Stunde Arbeit vier Stunden Ratschen wurden.

Für schöne gemeinsame Bilder möchte ich mich auch bei meiner Cousine Lydia Rode bedanken. Lydia, wir hatten so viel Spaß am Set und schau mal: Jetzt sieht man doch nicht nur Deinen Rücken!

Am allermeisten danke ich nicht nur für dieses Buch, sondern für jeden Tag, den ich mit ihnen verbringen darf, meinen beiden Kindern, Sopherl und Vroni. So klein sie noch sind, sie geben mir extrem viel Kraft und Liebe. Und ich hoffe, dass sie, wenn sie mal lesen können, das Buch nehmen, alles nachbacken und sagen: Mama, das ist unglaublich lecker, was Du da geschrieben hast.

An einem Buch arbeiten so viele Menschen, die man manchmal nur im Vorbeihuschen sieht. Ich hoffe also, ich habe niemanden vergessen, der mitgewirkt hat, dieses wunderbare Buch zu produzieren und zu vermarkten. Und wenn meine Leser wirklich Spaß damit haben, dann bin ich sowieso zutiefst dankbar dafür, dass ich auf meine Art ein bisschen Freude bringen kann.

IMPRESSUM

1. Auflage 2015

Hinweise
Die Ratschläge/Informationen in diesem Buch sind von Autorin und Verlag sorgfältig erwogen und geprüft. Dennoch kann eine Garantie nicht übernommen werden. Eine Haftung der Autorin bzw. des Verlags und seiner Beauftragten für Personen-, Sach- und Vermögensschäden ist ausgeschlossen.

Der Verlag weist ausdrücklich darauf hin, dass im Text enthaltene externe Links vom Verlag nur bis zum Zeitpunkt der Buchveröffentlichung eingesehen werden konnten. Auf spätere Veränderungen hat der Verlag keinerlei Einfluss. Eine Haftung des Verlags für externe Links ist stets ausgeschlossen.

Bildnachweis
Bildredaktion und Leitung der Fotoproduktion: Sabine Kestler
Fotografie: Klaus Maria Einwanger/KME GmbH
Foodstyling: Monika Schuster, Anka Köhler
Styling: Deborah de Luca, Alexandra Holzer
Haare & Make-up: Arno Humer, Alexandra Batke

Weitere Fotos & Illustrationen: istockphoto: 8/9 Illustrationen (Yusak), 22/23, 24/25 Illustrationen (nicolercioe und petek arici), 42/43 Hintergrund (DNY59), 114/115 Hintergrund (FotografieBasica), 151 o. (Olga Miltsova)m 151 u.li. (yula), 154/155n Hintergrund (Andreas Reh); shutterstock: 21 u.li. (jean morrison), 151 u.re. (matka Wariatka)

Wir bedanken uns für die Zusammenarbeit während der Fotoproduktion bei:
Lydia Rode
Dinzler Kunstmühle, Kunstmühlstraße 12, 83026 Rosenheim
Gourmet Ecke, Salinstraße 8b, 83022 Rosenheim
TeeGschwendner, Salinplatz, 83022 Rosenheim

Impressum
Redaktionsleitung: Silke Kirsch
Projektleitung: Sonya Mayer
Cover- und Layoutdesign, Gestaltung & Producing:
Helen Garner, Art und Weise, München
Adaption & Redaktion der Rezepte: Irmgard Rumberger
Text Einleitung: Stephanie Bräuer, campagner PR
Korrektorat: Regina Wiesmaier
Reproduktion: Regg Media GmbH, München
Druck & Verarbeitung: Druckerei Theiss, St.Stefan im Lavanttal

Printed in Austria

FSC www.fsc.org MIX Papier aus verantwortungsvollen Quellen FSC® C012536

Verlagsgruppe Random House FSC®N001967
Gedruckt auf dem FSC®-zertifizierten Papier *Profimatt*

ISBN 978-3-517-09361-1